Grundschule

A. Klipphahn & S. Conrad

Drei Krippenspiele für Schulen & Kirchengemeinden

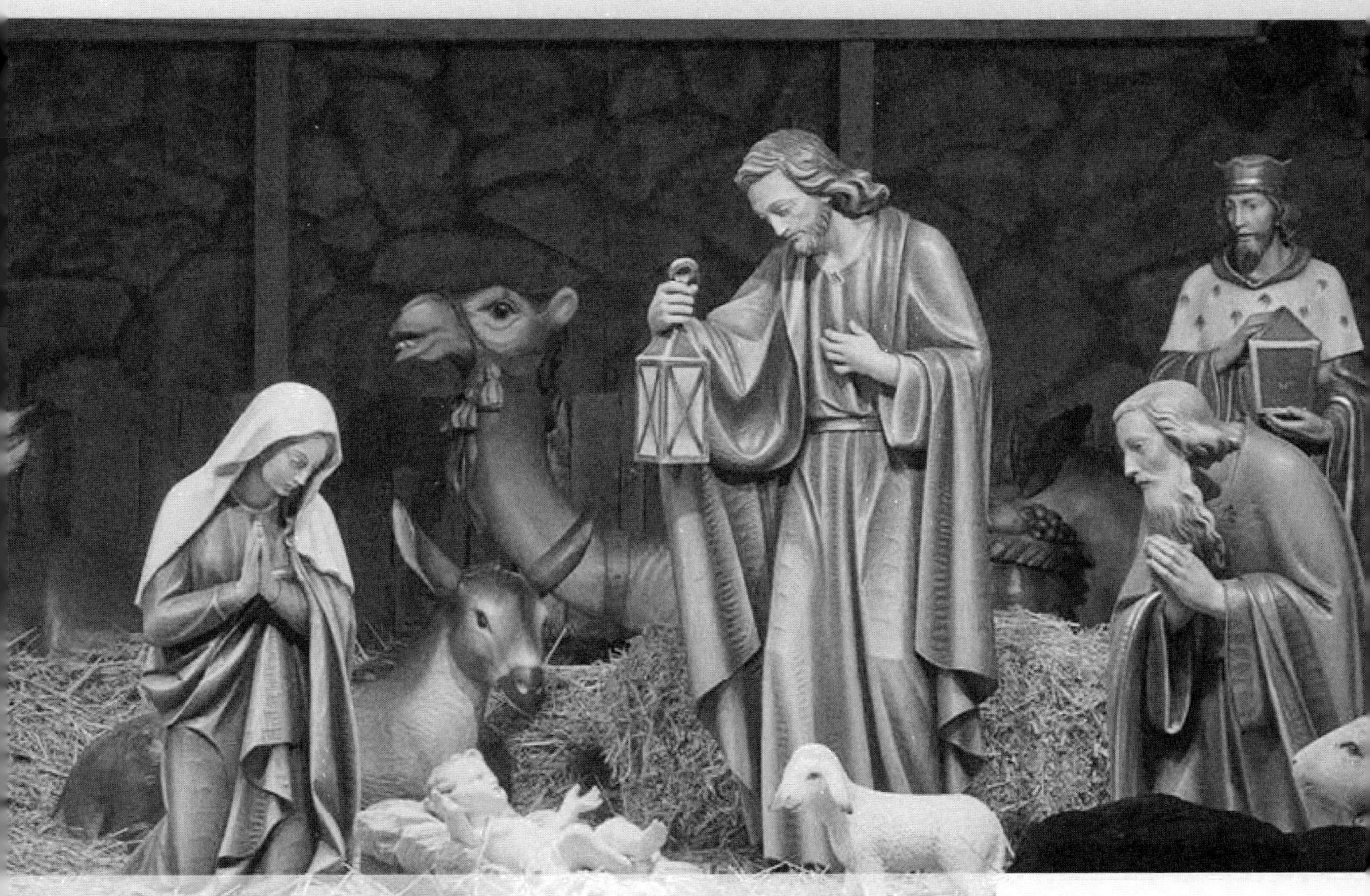

Mit umfangreichen Kostüm- und Gestaltungsvorschlägen

www.kohlverlag.de

Drei Krippenspiele

für Schulen & Kirchengemeinden

2. Auflage 2023

Inhalt: Anneli Klipphahn & Sabine Conrad
Coverbilder: © RG - AdobeStock.com
Grafik & Satz: Kohl-Verlag
Druck: farbo prepress GmbH, Köln

Bestell-Nr. 12 456

ISBN: 978-3-96624-187-8

Bildquelle © Adobe.Stock.com
S.2: Africa Studio; S. 5: Gstudio; S. 6: Zoran Milic; S. 7, 9, 12, 16, 21, 27, 32, 35, 40, 46, 53, 58, 61, 65, 68: Gstudio , Zoran Milic; S. 9: Juan Aunión; S. 11: cherokeerose; S. 20: Anneke; S. 23: Bajena; S. 25: Gstudio; S. 26: Zoran Milic, Bajena; S. 29: Composer; S. 31: shin28; S. 34: shin28; S. 39: sila5775; S. 41: lar01joka; S. 42: Gstudio; Seite 44: klatki; S. 50: Gstudio; S. 51: Zoran Milic; S. 52: Peter Kögler; S. 55: masar1920; S. 56: Gstudio; S. 57: grgroup

Bildquelle © Annemarie Sirrenberg S. 15, 37

Inhalt

<u>Zusatzmaterial zu diesem Titel im Online-Shop erhältlich</u>:

Unter der Rubrik "Materialdownload" auf der Startseite befindet sich ein direkter Link zum Download des Zusatzmaterials zu diesem Band.

Geben Sie beim Download-Vorgang bitte diesen Code ein: **JG7VB99A**

Vorwort

Liebe Kolleginnen und Kollegen,

für die meisten Menschen unseres Kulturkreises gehört zu jedem Weihnachtsfest ein traditionelles Krippenspiel, das sich an den Berichten der Bibel orientiert. Deshalb ist die alljährliche Planung und Organisation von Schul- oder Familiengottesdiensten, Christvespern oder Mettenfeiern für Lehrer, Erzieher, kirchliche Mitarbeiter und Ehrenamtliche immer wieder eine große Herausforderung.

Mit dem vorliegenden Material erhalten Sie drei Krippenspiele, die sich an den Texten der Bibel orientieren. Sie wurden für eine Grundschule konzipiert, in der sich alle Schüler in irgendeiner Weise am Schulgottesdienst beteiligen. Dadurch sind die Texte ziemlich umfangreich, bieten aber auch viel Stoff und viele Variationsmöglichkeiten. Haben Sie den Mut, auch mal etwas herauszustreichen oder zu ändern!

Wenn Sie die Anzahl der mitwirkenden Personen an Ihre Gegebenheiten anpassen möchten, zum Beispiel die Hirtenrollen entsprechend ihrer Spielerzahl reduzieren, achten Sie bitte darauf, dass die Dialoge stimmig sind.

Für den schnellen Überblick finden Sie am Anfang jedes Krippenspiels und über jeder einzelnen Szene Angaben zu den Personen, die hier auftreten. Dahinter können Sie die Namen der Schüler eintragen, die diese Rolle übernommen haben. Gruppen, zum Beispiel das Volk, die Hirten oder der Engelchor, können beliebig durch Statistenrollen erweitert werden.

Lieder und Musikstücke werten ein Krippenspiel auf. Beziehen Sie Schüler ein, die ein Instrument spielen oder sich zutrauen, allein vor vielen Zuschauern zu singen. Oft sind Schüler, die sich nicht trauen, eine Rolle zu übernehmen, bereit, mit anderen im Engelchor zu singen. Es gibt viele bekannte Weihnachtslieder, die sich dafür eignen.

Eine Besonderheit dieses Materials sind die Kostüm- und Gestaltungsvorschläge. Diese sind als download-Material über den webshop zu erhalten.

Sicher können auch Ihre Schüler und deren Eltern und Großeltern, Ihre Kolleginnen und Kollegen oder Leute aus der Ortsgemeinde einige Requisiten zur Verfügung stellen. So fanden sich zum Beispiel an unserer Schule etliche Familien, die ein Steckenpferd, Tongeschirr, Schürzen für die Wirtsleute u.a. beisteuern konnten.

Oft gehört zu einem Schul- oder Familiengottesdienst auch eine kurze Andacht oder ein geistlicher Impuls. Für eine rasche Vorbereitung finden Sie am Ende jedes Krippenspiels einige Stichpunkte, aus denen Sie einige Gedanken dafür auswählen können.

Zur Vertiefung oder als Impuls können viele der Illustrationen auch als Ausmalbild gereicht werden.

Wir wünschen Ihnen viel Freude und Erfolg bei der Arbeit mit dem vorliegenden Material.

Der Kohl-Verlag und

Anneli Klipphahn & Sabine Conrad

1 Von Botschaften, die aufwühlen, in Bewegung setzen und verändern

Darsteller (+/-) 29, Volk, Engelchor

Überblick	Name(n) der Darsteller
Erzähler	
Josef	
Maria	
1. Bote	
2. Bote	
Volk / 1. Sprecher	
Volk / 2. Sprecher	
Volk / 3. Sprecher	
Volk / Statisten	
1. Wirt	
2. Wirt	
3. Wirt	
1. Hirte	
2. Hirte	
3. Hirte	
4. Hirte	
5. Hirte	
6. Hirte	
7. Hirte	
8. Hirte	
9. Hirte	
10. Hirte	
1. Engel	
2. Engel	
3. Engel	
4. Engel	
Engelchor	

1 Von Botschaften, die aufwühlen, in Bewegung setzen und verändern

1. Weiser	
2. Weiser	
3. Weiser	
König Herodes	
Diener	
Schriftgelehrter	
Sprechender Ochse	
Sprechender Esel	

Requisiten

- 2 Steckenpferde
- Schriftrolle für den Boten
- große Zimmerpflanzen zur Begrünung (wenn vorhanden)
- Häuserkulisse von Nazareth (alternativ: Stoffe zur Bühnengestaltung verwenden)
- 1 Tür oder 1 Tisch mit Tongeschirr, der die Herberge darstellt
- Feuer- oder Kochstelle
- Holzklotz oder Strohballen (ggf. Laterne)
- 1 großer Stern
- Fernrohr, (ggf. aus einer Papprolle gebastelt)
- Geschenke der Weisen
- Thron für König Herodes
- angedeuteter Stall
- Krippe
- 1 Stuhl
- evtl. Laterne

1 Von Botschaften, die aufwühlen, in Bewegung setzen und verändern

1. Szene: Die Botschaft des Kaisers

Darsteller: **(+/-) 8, Volk**

Szene 1	Name(n) der Darsteller
Erzähler	
Maria	
Josef	
1. Bote	
2. Bote	
Volk / 1. Sprecher	
Volk / 2. Sprecher	
Volk / 3. Sprecher	
Volk / Statisten	

Requisiten

- 2 Steckenpferde
- Schriftrolle für den ersten Boten
- große Zimmerpflanzen zur Begrünung (wenn vorhanden)
- Häuserkulisse von Nazareth (alternativ: Stoffe zur Bühnengestaltung verwenden)

Musikstück oder Lied.
Außer den Boten ziehen alle Darsteller vom Haupteingang her ein. Der Erzähler, Maria, Josef und das Volk verteilen sich auf der Bühne. Alle anderen setzen sich vorn in die ersten Reihen. Die Boten gehen zurück zum Eingang und warten dort.

Erzähler: Kaiser Augustus regierte das Römische Weltreich. Er war ein mächtiger Herrscher. Viele Länder gehörten zu seinem Reich. Auch das Land, in dem Maria und Josef lebten. Josef war Zimmermann in dem kleinen Dorf Nazareth. Maria erwartete ein Kind, den Sohn Gottes.

KOHL VERLAG Drei Krippenspiele für Schulen & Kirchengemeinden – Bestell-Nr. 12 456

1 Von Botschaften, die aufwühlen, in Bewegung setzen und verändern

1. Szene: Die Botschaft des Kaisers

Eines Tages ritten Boten des römischen Kaisers durchs Land. Sie kamen auch nach Nazareth.

Die Boten reiten durch die Zuschauerreihen zur Bühne. Vor der Bühne nimmt ihnen jemand die Steckenpferde ab.

1. Bote: Achtung, Achtung! Alle herhören!

2. Bote: Wir haben eine wichtige Botschaft von Kaiser Augustus!

Das Volk, Josef und Maria versammeln sich um die Boten herum. Der erste Bote rollt seine Schriftrolle auf und liest daraus vor. Der zweite erklärt das Gelesene dem Volk.

1. Bote: Dem Volk wird Folgendes bekannt gegeben: Der erhabene Kaiser Augustus, allmächtiger, allumfassender Herrscher des Römischen Weltreiches, ordnet eine Volkszählung an. Jeder Bürger begebe sich umgehend in seinen Geburtsort und lasse sich dort in die Steuerlisten eintragen. Unterlassungen werden streng geahndet.

2. Bote: Klartext: Der Kaiser braucht Geld! Ihr müsst Steuern zahlen! Geht in den Ort, in dem ihr geboren seid. Lasst euch in die Listen einschreiben! Alle müssen gehorchen! Wer das nicht tut, wird bestraft!

Das umstehende Volk beginnt zu murren und sich miteinander zu unterhalten. Dann treten die Sprecher aus dem Volk vor.

Volk / 1. Sprecher: Der Kaiser lässt sich immer etwas Neues einfallen.

Volk / 2. Sprecher: Ach, wenn wir doch frei wären von den Römern!

Volk / 3. Sprecher: Es müsste einer kommen, der stärker ist.

Volk / 1. Sprecher: Es müsste einer kommen, der unserem Land die Freiheit bringt.

1. Bote: Der Kaiser duldet keine Demonstrationen! Geht auseinander!

2. Bote: Ruhe im Karton! Macht euch vom Acker, sonst lassen wir euch festnehmen!

Das Volk geht murrend auseinander. Endlich entfernen sich die Boten. Nur Maria und Josef bleiben auf der Bühne.

Josef: Das hat uns gerade noch gefehlt, Maria! Du bekommst ein Kind und wir müssen nach Betlehem gehen! Und in meiner Tischlerei häuft sich die Arbeit! Ich muss alles stehen und liegen lassen.

Maria: Ach Josef, mit Gottes Hilfe werden wir das schaffen. Gott ist größer und mächtiger als die Menschen.

Josef: Aber warum lässt Gott uns nicht hierbleiben, wenn er so mächtig ist?

Maria: Das weiß ich auch nicht, Josef. Aber Gott wird seinen Sohn und uns beschützen. Daran glaube ich ganz fest.

1 Von Botschaften, die aufwühlen, in Bewegung setzen und verändern

2. Szene: Botschaften der Ablehnung

Darsteller: **(+/-) 6**

Szene 2	Name(n) der Darsteller
Erzähler	
Maria	
Josef	
1. Wirt	
2. Wirt	
3. Wirt	

Requisiten

1 Tür oder 1 Tisch mit Tongeschirr, der die Herberge darstellt. *(Beides kann für alle Herbergen genutzt werden).*

Während Maria und Josef eine Runde gehen, wechseln die Wirte hinter die Tür / den Tisch.[1] Die Wirte kommen auf die Bühne. Der erste geht hinter die Tür. Die anderen bleiben im Hintergrund.

Erzähler: Maria und Josef machten sich auf den Weg. Es war ein weiter Weg. Es war ein anstrengender Weg.

Maria und Josef laufen durch den Zuschauerraum.

Erzähler: Es wurde Abend. Endlich kamen Maria und Josef in Betlehem an. Doch sie waren nicht die ersten Besucher in diesem Ort. Viele Leute waren gekommen, um sich in die Steuerlisten eintragen zu lassen. Maria und Josef suchten nach einer Herberge.

Josef klopft an die erste Tür.

---

[1] Zur besseren Lesbarkeit beschränken wir uns im folgenden Verlauf auf *die Tür*.

1 Von Botschaften, die aufwühlen, in Bewegung setzen und verändern

2. Szene: Botschaften der Ablehnung

1. Wirt: Hey, was gibt's?

Josef: Guten Abend. Wir kommen von weit her und suchen eine Unterkunft.

1. Wirt: Da seid ihr bei uns an der falschen Adresse. Was denkt ihr, wie viele Menschen wir schon aufgenommen haben!

Maria: Wir brauchen nur eine ganz kleine Ecke. Ich muss mich ein wenig ausruhen.

1. Wirt: Wir haben wirklich nichts mehr frei. Jede Ecke und jeder Winkel sind besetzt.

Josef: Bitte! Ihr seht doch, dass meine Frau schwanger ist.

Maria: Bald wird der Sohn Gottes geboren werden. Wenn ihr uns einlasst, könnte es sein, dass er hier geboren wird.

1.Wirt: *mustert die Beiden.*

Was redet ihr da? Der Sohn Gottes? Solche Lügengeschichten helfen euch auch nicht weiter!

Erzähler: Also machten Maria und Josef sich erneut auf den Weg. Endlich kamen sie zur nächsten Herberge.

Maria und Josef wandern schwerfällig weiter. Wirt 1 und 2 tauschen den Platz hinter der Tür. Josef klopft an die nächste Tür.

2. Wirt: Hat man denn heute gar keine Ruhe? Einer will essen, einer trinken, ein anderer will Medizin und der nächste Futter für den Esel. Meine Vorräte sind alle, ich bin müde und meine Füße tun weh.

Josef: Wir suchen …

2. Wirt: Ach, ich sehe schon. Ihr braucht eine Hebamme, das ist mal etwas Neues. Aber damit kann ich leider nicht dienen.

Maria: Bitte hört mich an! Gott schickt seinen Sohn auf diese Erde, seine Geburt steht kurz bevor, vielleicht …

2. Wirt: Verschwindet, ich brauche Ruhe!

Der Wirt knallt die Tür zu. Maria und Josef wandern weiter. Wirt 2 und 3 wechseln die Plätze. Josef klopft erneut. Wirt 3 ist schwerhörig und hält sich eine Hand hinter das Ohr.

3. Wirt: Häh? Hat hier wer geklopft?

Josef: Wir suchen ein Bett für die Nacht.

3. Wirt: Was? Wo hat es gekracht?

Josef *lauter:* Ich sagte, wir suchen ein Bett für die Nacht.

3. Wirt: Ach so, sagt das doch gleich! Ich habe keinen Platz.

Josef: Aber meine Frau bekommt ein Kind.

3. Wirt: Ja, ja, der kalte Wind. Trotzdem habe ich nichts frei.

Josef: Ich sagte, sie bekommt ein Kind.

KOHL VERLAG Drei Krippenspiele für Schulen & Kirchengemeinden – Bestell-Nr. 12 456

1 Von Botschaften, die aufwühlen, in Bewegung setzen und verändern

2. Szene: Botschaften der Ablehnung

3. Wirt: Schreit doch nicht so! Ich sehe schon, dass sie ein Kind bekommt. Aber ich habe nichts frei.

Josef: Wir erwarten die Geburt von Gottes Sohn.

3. Wirt: Fragt doch mal nebenan.

Josef: Aber wir waren schon überall.

3. Wirt: Ihr wollt meinen Stall? Hm, ja, der Stall ist noch frei. Aber ob das etwas für eine schwangere Frau ist?

Maria: Hauptsache, ich kann ein bisschen liegen.

3. Wirt: Nein, nein, ich habe keine Ziegen. Ich habe nur einen Ochsen und einen Esel.

Josef: Wir nehmen den Stall.

3. Wirt: Nein, mein Ochse hat keinen Knall.

Josef: Wir nehmen den Stall.

3. Wirt: Der Esel macht keinen Krawall. Kommt, ich zeige euch den Stall.

Maria, Josef und Wirt gehen ab.

1 Von Botschaften, die aufwühlen, in Bewegung setzen und verändern

3. Szene: Die Botschaft der Engel

Darsteller: **(+/-) 15, Engelchor**

Szene 3	Name(n) der Darsteller
Erzähler	
1. Hirte	
2. Hirte	
3. Hirte	
4. Hirte	
5. Hirte	
6. Hirte	
7. Hirte	
8. Hirte	
9. Hirte	
10. Hirte	
1. Engel	
2. Engel	
3. Engel	
4. Engel	
Engelchor	

Requisiten

- Feuer- oder Kochstelle,
- Holzklotz oder Strohballen (ggf. Laterne)

1 Von Botschaften, die aufwühlen, in Bewegung setzen und verändern

3. Szene: Die Botschaft der Engel

Während des Liedes oder Musikstücks werden die Requisiten auf der Bühne verteilt. Der Raum wird nur spärlich beleuchtet. Acht Hirten stehen am Feuer, 1. Hirte und 3. Hirte sitzen. 1. Hirte hat den Kopf in die Hände gestützt.

Erzähler: In der Nähe von Betlehem waren Hirten auf dem Feld. Sie hüteten ihre Herden. Die Hirten waren arm und verachtet. Niemand wollte etwas mit ihnen zu tun haben.

2. Hirte: Was ist los mit dir?

1. Hirte: *schweigt*

2. Hirte: *schubst den 1. Hirten an:* Hey, ich hab dich was gefragt. Seit Tagen hängst du so herum.

1. Hirte: Es brennt.

Alle Hirten schauen sich erschrocken um.

3. Hirte: Was? Wo brennt es?

4. Hirte: Ich sehe nichts.

9. Hirte: Ich auch nicht.

1. Hirte: *Schlägt sich an die Brust:* Hier drinnen brennt es.

3. Hirte: *Lacht laut:* Hast wohl zu viel Schnaps gesoffen!

1. Hirte: *Schüttelt den Kopf*

5. Hirte: Ich weiß, was er meint. Es ist die Sehnsucht.

6. Hirte: Sehnsucht? Was soll denn das schon wieder sein?

5. Hirte: Na eben die Sehnsucht. Nach Wärme. Nach Licht.

7. Hirte: Ach d a s meinst du! Das kenne ich auch. Die Sehnsucht, dazuzugehören. Kein Außenseiter mehr zu sein.

1. Hirte: *nickt:* Sehnsucht nach Liebe. Nach einem Zuhause.

8. Hirte: Oh ja, das wäre schön! Ein Dach über dem Kopf. Ein warmes Bett. Ein Stück Fleisch im Topf.

10. Hirte: Hört doch auf zu spinnen! Wir müssen uns mit diesem Leben abfinden. Es war so. Es ist so. Und es wird immer so bleiben! Und damit basta!

5. Hirte: Meine Träume kannst du mir nicht verbieten!

4. Hirte: Ph, Träume! Zeitverschwendung.

5. Hirte: Wer keine Träume mehr hat, ist tot.

3. Hirte: Geh lieber Holz sammeln, damit das Feuer nicht ausgeht! Das richtige Feuer!

9. Hirte: Geh doch selber Holz sammeln!

3. Hirte: Ich habe schon genug gesammelt, jetzt seid ihr dran!

7. Hirte: Hört auf zu streiten!

5. Hirte: Es müsste einer kommen, der alles ändert.

2. Hirte: Wer sollte so etwas können?

9. Hirte: Ein König vielleicht.

3. Szene: Die Botschaft der Engel

2. Hirte: Ein König? Ha, da kann ich ja nur lachen! Könige denken doch nur an sich! Einen König, der gerecht ist, gibt es nicht!

9. Hirte: Aber wenn nun einer käme, der anders ist?

Kurzes Musikstück oder Liedstrophe

Es wird hell, Die Engel erscheinen auf der Bühne, die Hirten fallen nieder.

1. Engel: Fürchtet euch nicht! Wir haben eine gute Nachricht für euch!

2. Engel: Gottes Sohn ist geboren! Der Christus.

3. Engel: In Betlehem ist er geboren. Sein Bett ist eine Futterkrippe. Sein Haus ist ein Stall.

4. Engel: Der Sohn Gottes ist gekommen. Für alle Menschen. Für die ganze Welt.

1. Engel: Er ist auch für euch gekommen.

Alle Engel: Freut euch! Der Sohn Gottes ist da!

Engelchor, Musikstück oder Lied. Hirten stehen staunend, wie angewurzelt. Engel gehen ab.

1. Hirte *reibt sich die Augen.*
Ups. Was war denn das? Träum ich oder was?

2. Hirte: Oh oh, ich glaube, da brennt doch etwas!

6. Hirte: Hey, worauf wartet ihr noch? Lasst uns hingehen!

5. Hirte: Ja. Lasst uns schnell gehen und den Sohn Gottes begrüßen!

1. Hirte: Meinst du, die lassen uns zu ihm? Der Sohn Gottes ist doch noch mehr als ein König!

8. Hirte: Und wir sind nur arme Hirten. Keiner mag uns.

9. Hirte: Aber der Engel hat es doch gesagt! Er hat gesagt, ich bringe euch eine gute Nachricht.

6. Hirte: Ja! Er hat u n s gemeint! Er hat gesagt: „Er ist auch für e u c h gekommen." Das hat er gesagt.

7. Hirte: Und wenn das Kind in einem Stall liegt, dann können wir auch hingehen. In einen Palast würde uns niemand hineinlassen, aber mit einem Stall kennen wir uns aus.

3. Hirte: *Geht voraus und winkt den anderen zu.*
Hey Leute, ich geh schon mal! Empfang beim Sohn Gottes! Das ist besser als ein Hammelbraten!

Lied oder Musikstück. Die Hirten machen sich auf den Weg. Die Requisiten werden weggeräumt.

1 Von Botschaften, die aufwühlen, in Bewegung setzen und verändern

3. Szene: Die Botschaft der Engel

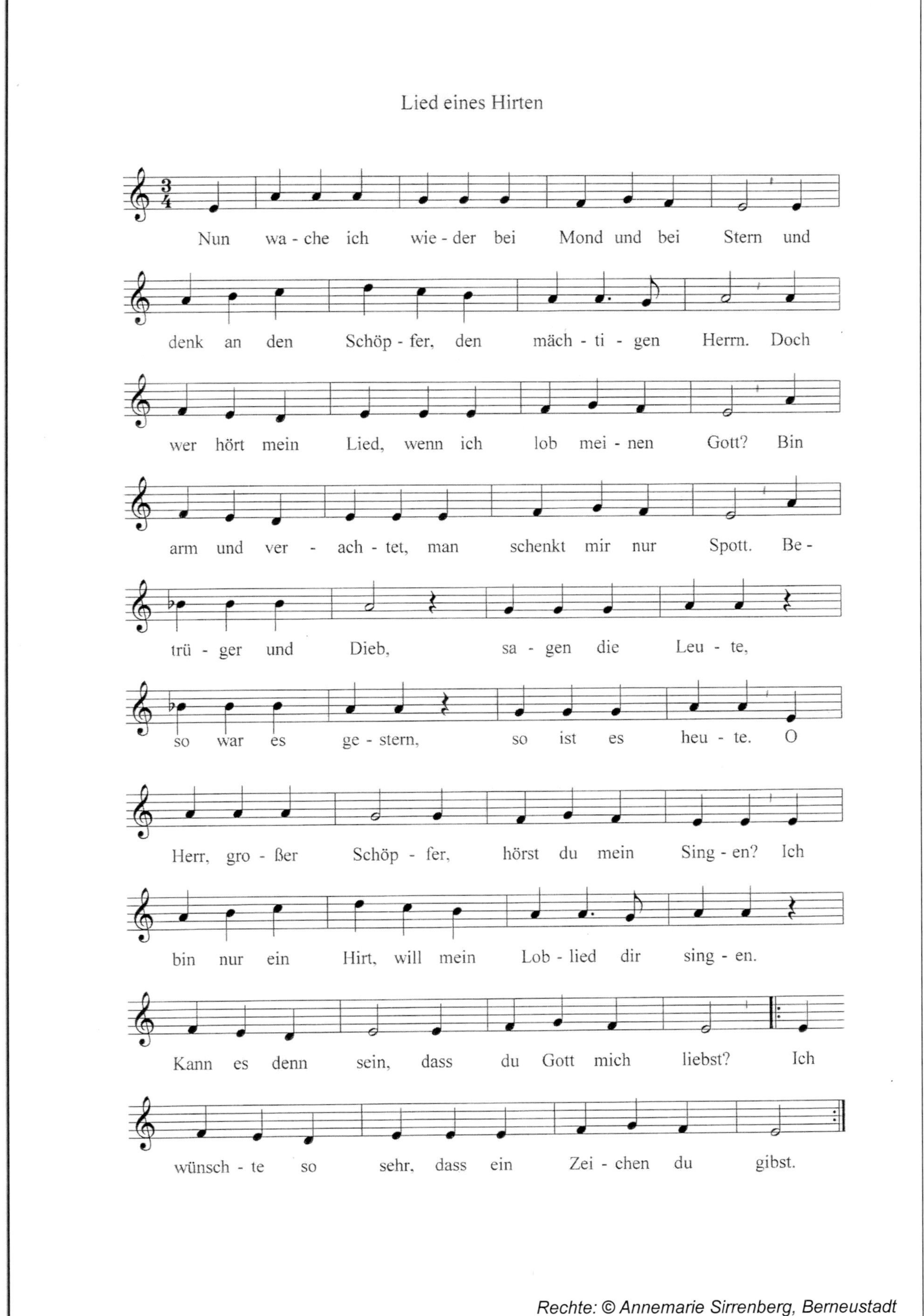

1 Von Botschaften, die aufwühlen, in Bewegung setzen und verändern

4. Szene: Die Botschaft des Sterns

Darsteller: **(+/-) 7**

Szene 4	Name(n) der Darsteller
Erzähler	
1. Weiser	
2. Weiser	
3. Weiser	
König Herodes	
Diener	
Schriftgelehrter	

Requisiten

- 1 großer Stern
- Fernrohr (ggf. aus einer Papprolle gebastelt)
- Geschenke der Weisen
- Thron für König Herodes

KOHL VERLAG Drei Krippenspiele für Schulen & Kirchengemeinden – Bestell-Nr. 12 456

4. Szene: Die Botschaft des Sterns

Erzähler: In einem fernen Land, östlich von Betlehem, trafen sich drei Wissenschaftler.

Die drei Weisen kommen aus verschiedenen Richtungen, sie treffen sich. Der erste schaut mit dem Fernrohr zum Stern. Anschließend gibt er das Fernrohr weiter und deutet auf den Stern. Nun schauen auch die beiden anderen hindurch.

1. Weiser: So einen Stern habe ich noch nie gesehen.

2. Weiser: Ich auch nicht. Das muss ein Königsstern sein.

3. Weiser: Ja. Irgendwo muss ein König geboren sein.

2. Weiser: Ein mächtiger König.

1. Weiser: Vielleicht ist es ein König, der Frieden bringt?

2. Weiser: Der Stern leuchtet so hell und ist so groß – Der neue König muss der König der Könige sein.

3. Weiser: Der König der Könige? Dann ist es vielleicht ein Sohn Gottes!

1. Weiser: Wir sollten ihn aufsuchen.

2. Weiser: Wir sollten ihn willkommen heißen und ihm Geschenke bringen.

3. Weiser: Ja, lasst uns dem Stern folgen! Bestimmt zeigt er uns den Weg zum neugeborenen König.

Erzähler: Die drei Weisen packten Geschenke ein und machten sich auf den Weg. Sie folgten dem Stern. Sie hatten einen weiten Weg vor sich.

Musikstück. Während die Weisen durch den Zuschauerraum gehen, wird der Thron für König Herodes bereitgestellt. Herodes betritt mit seinem Diener und dem Schriftgelehrten die Bühne. Der Schriftgelehrte hält sich im Hintergrund auf, Herodes setzt sich auf den Thron.

Erzähler: Schließlich kamen die drei Weisen ins Land der Juden.

Die Weisen bleiben in der Nähe der Bühne stehen, schauen in alle Richtungen und schütteln die Köpfe.

1. Weiser: Der Stern ist nirgends zu sehen.

2. Weiser: Aber er hat uns doch in dieses Land geführt!

3. Weiser: Wenn ein Königssohn geboren ist, müssen wir ihn im Schloss suchen. Und das Schloss befindet sich in der Hauptstadt des Landes, in Jerusalem.

Erzähler: Also gingen die drei Weisen nach Jerusalem, zum Palast von König Herodes.

Die drei Weisen laufen weiter, bleiben erneut in der Nähe der Bühne stehen und schauen sich um. Der Diener erblickt sie und geht zu Herodes.

KOHL VERLAG Lernen mit Erfolg
Drei Krippenspiele für Schulen & Kirchengemeinden – Bestell-Nr. 12 456

4. Szene: Die Botschaft des Sterns

Diener: Herr, da draußen sind drei Ausländer.
Herodes: Schon wieder Flüchtlinge? Armes Gesindel?
Diener: Nein, so sehen sie nicht aus. Sie sind sehr vornehm gekleidet.
Herodes: Dann hol sie herein. Vielleicht können sie uns von Nutzen sein.

Der Diener eilt zu den drei Weisen und verneigt sich vor ihnen.

Diener: Bitte tretet ein, ihr hohen Herren.

Der Diener führt die Weisen zu König Herodes. Sie verneigen sich.

1. Weiser: Wir sind gekommen, um den neu geborenen König zu begrüßen.
Herodes: Was? Was redet ihr da? Es gibt keinen neuen König. Ich bin der König!
2. Weiser: Es muss einen neuen König geben. Wir haben seinen Stern gesehen.
Herodes: Einen Stern? *Lacht und schüttelt den Kopf:* So ein Unsinn!
3. Weiser: Wir sind Wissenschaftler, wir kennen uns aus mit den Sternen. Dieser Stern ist ein Königsstern.
Herodes: Königsstern? So ein Unsinn! Es gibt keinen neuen König! Ich bin der König! Ich allein!
2. Weiser: Das ist kein Unsinn! Wir kennen uns aus mit den Sternen.
1. Weiser: Vielleicht ist sogar ein Sohn Gottes geboren. Wenn er nicht hier geboren wurde, müssen wir weitersuchen.
Herodes: Ein Sohn Gottes, sagt ihr?

Herodes wird nachdenklich.

Herodes: Ich bin ein mächtiger König, aber ein Sohn Gottes ist noch mächtiger. Was ist, wenn diese Ausländer recht haben?

Herodes ruft den Diener.

Herodes: Diener! Hol den Schriftgelehrten!

Der Diener holt den Schriftgelehrten.

Schriftgelehrter: Ja, Herr?
Herodes: Wo soll der Sohn Gottes geboren werden, wenn er kommt? Was sagt die Schrift?
Schriftgelehrter: Er soll in Betlehem geboren werden. Eines Tages – aber nicht jetzt. Gott wird uns kundtun, wenn die Stunde gekommen ist. Uns, den Schriftgelehrten und Pharisäern, wird Gott das mitteilen, denn Gott ist unser Gott.
Herodes: Kann es nicht möglich sein, dass Gott es diesen Ausländern durch diese … diese Sterne sagt?
Schriftgelehrter: Den Ausländern? Durch die Sterne? Das ist unmöglich. Gott ist unser Gott! Wir sind die Auserwählten Gottes!

KOHL VERLAG Drei Krippenspiele für Schulen & Kirchengemeinden – Bestell-Nr. 12 456

4. Szene: Die Botschaft des Sterns

Herodes bedeutet dem Schriftgelehrten, sich zu entfernen. Hält sich nachdenklich den Kopf.

Erzähler: König Herodes war misstrauisch. Er fürchtete um seine Macht. Ein mächtiger Herrscher musste immer auf der Hut sein. Er konnte niemandem trauen, auch nicht den Schriftgelehrten. Vielleicht hatten diese fremden Männer doch recht? Vielleicht war der Sohn Gottes tatsächlich geboren? Wenn nicht hier, dann in Betlehem? Wenn das der Fall war, musste Herodes etwas unternehmen. Er musste das neugeborene Kind aus dem Weg schaffen, bevor es erwachsen wurde. Er wollte König bleiben, er allein! Er musste also herausfinden, ob es einen neugeborenen Sohn Gottes gab. Doch die drei Weisen durften nichts von seinem Plan erfahren. Er musste sich verstellen.

Herodes: Geht nach Betlehem, ihr lieben Männer. Und falls ihr dort einen neu geborenen König findet, kommt zu mir zurück und sagt mir Bescheid. Dann werde ich auch hingehen, um den neu geborenen König anzubeten. Ehre, wem Ehre gebührt – ihr versteht?

Die Weisen nicken, verneigen sich und gehen ab. Herodes scheucht seinen Diener weg.

Herodes: Verschwinde! Ich habe Kopfschmerzen!

Nachdem der Diener gegangen ist, stampft Herodes auf.

Pff, ein neuer König! Nein! Nein! Nein! Das darf nicht wahr sein! Ich bin der König! Ich allein!

Lied oder Musikstück

KOHL VERLAG Drei Krippenspiele für Schulen & Kirchengemeinden – Bestell-Nr. 12 456

1 Von Botschaften, die aufwühlen, in Bewegung setzen und verändern

4. Szene: Die Botschaft des Sterns

Drei Krippenspiele für Schulen & Kirchengemeinden – Bestell-Nr. 12 456
KOHL VERLAG

1 Von Botschaften, die aufwühlen, in Bewegung setzen und verändern

5. Szene: Die Botschaft der Liebe Gottes

Darsteller: **(+/-) 18**

Szene 5	Name(n) der Darsteller
Maria	
Josef	
1. Hirte	
2. Hirte	
3. Hirte	
4. Hirte	
5. Hirte	
6. Hirte	
7. Hirte	
8. Hirte	
9. Hirte	
10. Hirte	
3. Wirt	
Sprechender Ochse	
Sprechender Esel	
1. Weiser	
2. Weiser	
3. Weiser	

Requisiten

- angedeuteter Stall
- Krippe
- Stuhl

Drei Krippenspiele für Schulen & Kirchengemeinden – Bestell-Nr. 12 456

1 Von Botschaften, die aufwühlen, in Bewegung setzen und verändern

5. Szene: Die Botschaft der Liebe Gottes

Maria, Josef, Ochs und Esel sind auf der Bühne. Maria sitzt vor der Krippe auf dem Stuhl. Der 3. Wirt steht am Aufgang zur Bühne. Die Hirten laufen gegen Ende des Liedes durch die Zuschauerreihen auf die Krippe zu.

Die Weisen warten am Ende des Raumes.

9. Hirte: Schaut! Da vorn im Stall brennt Licht!

5. Hirte: Dort muss es sein. Kommt schnell!

Der 3. Wirt tritt ihnen in den Weg.

Wirt: Hey, was wollt ihr denn hier?

1. Hirte: In deinem Stall ist der Heiland geboren.

3. Wirt: Wer hat ein Schaf geschoren?

1. Hirte: Der Heiland ist geboren!

2. Hirte: Gott hat uns lieb. Dich. Und mich. Alle.

1. Hirte: Gottes Sohn ist in diesem Stall geboren.

3. Wirt: Jetzt seid ihr wohl völlig übergeschnappt.

9. Hirte: Es ist wahr! Die Engel haben es uns gesagt. Komm doch mit und sieh selbst!

Maria: Kommt herein. Ihr seid die ersten Gäste.

3. Wirt: Tatsächlich! Da ist das Kind!

Ochse: Muhhhh! Na endlich kommt ihr!

3. Wirt: erschrickt Wa … was war denn das? Wer hat jetzt gesprochen?

Ochse: Muh, muh, na ich natürlich!

3. Wirt: Aber … aber du … du bist doch ein Ochse!

Ochse: Muh. Bin schon immer ein Ochse gewesen.

3. Wirt: Ei … ein sprechender Ochse? Und meine Ohren … ich habe jedes Wort verstanden. Wie kann das sein?

Ochse: Ihr versteht gar nichts. Heute ist eine besondere Nacht! Eine heilige Nacht. Gott schickt uns seinen Sohn. Aus Liebe.

Esel: Und die Menschen kapieren das als Letzte. Wir Tiere sind da klüger. Seid willkommen, ihr Hirten! Der Sohn Gottes ist geboren.

7. Hirte: In meinem ganzen Leben wurde ich immer wie der Allerletzte behandelt. Wie kann es sein, dass Gott uns hier an erste Stelle setzt?

10. Hirte: Ich weiß, warum das so ist. Damit wir es glauben. Wir, und all die anderen Menschen da draußen. Gott hat uns lieb.

1. Hirte: Und ich weiß jetzt, warum ich diese Sehnsucht hatte. Es war die Sehnsucht nach der Liebe Gottes. Du erfüllst mein Herz, Jesus!

Die Hirten knien nieder.

Die Weisen machen sich auf den Weg.

KOHL VERLAG Drei Krippenspiele für Schulen & Kirchengemeinden – Bestell-Nr. 12 456

1 Von Botschaften, die aufwühlen, in Bewegung setzen und verändern

5. Szene: Die Botschaft der Liebe Gottes

Joseph: Jetzt verstehe ich, warum der Sohn Gottes in diesem Stall zur Welt kommen musste. Gott beweist den Menschen damit seine große Liebe.

Maria: Ja Josef, Gott macht keine Fehler. Die Menschen sehen oft nur auf das Äußere, aber Gott sieht das Herz an.

3. Wirt: Oh! Da kommen noch mehr Gäste! Kommt herein, ihr hohen Herren! Hier ist heute Tag der offenen Tür! Der Sohn Gottes ist geboren!

1. Weiser: Endlich haben wir dich gefunden, Sohn Gottes! Ich bringe dir Gold. Aber wirklichen Reichtum schenkst nur du. Du machst den reich, der dich annimmt.

2. Weiser: Ich habe dir Weihrauch mitgebracht. Aber Frieden im Herzen schenkst allein du.

3. Weiser: Nimm hin die Myrrhe. Gott hat uns durch den Stern zu dir geführt. In meinem Leben ging ich oft falsche Wege. Aber der Weg zu dir war der richtige.

Wendet sich an die anderen Weisen:

Gott hat im Traum zu mir gesprochen. Er will dieses Kind beschützen. Wir dürfen nicht zurück zu König Herodes gehen.

1. Weiser: Ja, ich weiß. Ich hatte den selben Traum.

2. Weiser: Ich auch. Damit ist alles klar. Wir gehen auf einem anderen Weg nach Hause. Doch zuvor lasst uns das Kind anbeten.

Die Weisen legen die Geschenke ab und fallen nieder. Alle übrigen Darsteller kommen auf die Bühne und reihen sich in das Krippenbild ein.

Schlusslied

KOHL VERLAG Drei Krippenspiele für Schulen & Kirchengemeinden – Bestell-Nr. 12 456

1 Von Botschaften, die aufwühlen, in Bewegung setzen und verändern

Nachtrag zu Krippenspiel 1

1. Szene

Eine Botschaft, die aufschreckt und unbequem ist. Wie nehmen die verschiedenen Menschen in Nazareth diese Botschaft auf? Wie nehmen wir heute unbequeme Botschaften auf?

Maria und Josef werden abgewiesen

Wie gehen sie damit um? Wie gehen wir damit um, wenn wir abgewiesen werden? Wie nehmen die Menschen Marias Botschaft auf, dass sie den Sohn Gottes erwartet?

Die Sehnsüchte, die Träume und Wünsche der Hirten

Welche Sehnsüchte, Träume, Wünsche bewegen uns heute?

Die frohe Botschaft der Engel

Was bedeutet sie für die Hirten? Was bedeutet sie für uns?

Wie nehmen die Hirten die Botschaft der Engel auf?

Sie hören zu. Sie glauben der Botschaft. Sie machen sich auf den Weg, um zu erfahren, was an der Botschaft dran ist. Sie finden den Sohn Gottes. Sie glauben und werden froh.

Die Botschaft des Sterns

Gott benutzt die Sterne, um zu den Weisen, den Fremden zu sprechen. Die Weisen finden den Sohn Gottes durch die Beschäftigung mit den ihnen vertrauten Wissenschaften. Gott kann sich überall und durch alles offenbaren. Manche Menschen glauben an die Sterne, aber Gott ist größer. Er hat alles geschaffen, auch die Sterne, und gebraucht die Sterne, um den Menschen seine Größe und Macht zu zeigen.

Wie reagiert Herodes auf die Botschaft der Weisen?

Seine Pläne, die doch nicht zum Ziel führen, weil Gott größer ist und die Weisen auf einem anderen Weg zurückziehen lässt.

2. Vom Suchen und Finden

Darsteller: **(+/-) 30, Volk, Engelchor**

Überblick	Name(n) der Darsteller
Maria	
Josef	
Herold	
Bote	
Trommler	
Wanderer	
musizierende Maus	
Volk 1	
Volk 2	
Volk 3	
Volk 4	
Volk Statisten	
1. Wirt	
2. Wirt	
3. Wirt	
Kind der Wirtin	
1. Hirte	
2. Hirte	
3. Hirte	
4. Hirte	
5. Hirte	
Hirtenjunge	
1. Engel	
2. Engel	
3. Engel	

2. Vom Suchen und Finden

Überblick	Name(n) der Darsteller
Engelchor	
Caspar	
Melchior	
Balthasar	
König Herodes	
Diener	
Schriftgelehrter	

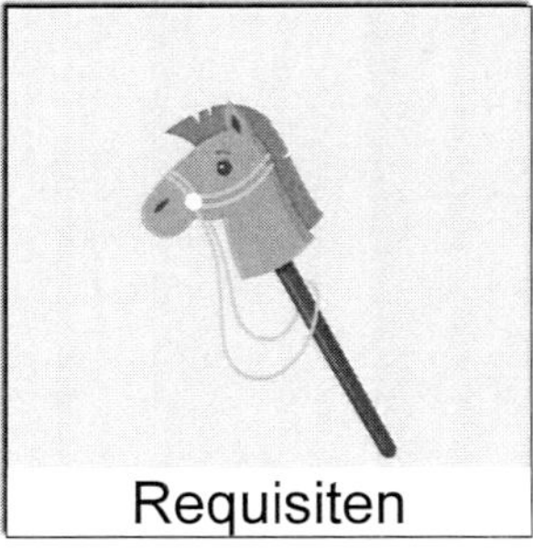

Requisiten

- Trommel
- Schriftrolle
- Hut und Stock für den Wanderer
- Musikinstrument für die Maus (Flöte, Geige o.a.)
- Tür oder Tisch mit Geschirr, um die Herberge darzustellen
- Feuerstelle für die Hirten
- helle Lampe für das Erscheinen der Engel
- Fernrohr (ggf. aus einer Papprolle gebastelt)
- Geschenke der Weisen
- Stuhl
- Krippe

2. Vom Suchen und Finden

1. Szene: Der Erlass des Kaisers Augustus

Darsteller: **(+/-) 11, Volk**

Szene 1	Name(n) der Darsteller
Maria	
Josef	
Herold	
Bote	
Trommler	
Wanderer	
musizierende Maus	
Volk 1	
Volk 2	
Volk 3	
Volk 4	
Volk Statisten	

Requisiten

- Trommel
- Schriftrolle
- Hut und Stock für den Wanderer
- Musikinstrument für die Maus (Flöte, Geige o.a.)

2. Vom Suchen und Finden

1. Szene: Der Erlass des Kaisers Augustus

Das Volk spaziert auf der Bühne herum, darunter Maria und Josef. Der Trommler, der Herold und der Bote warten im Zuschauerraum. Der Wanderer und die Maus warten an einer anderen Stelle. Drei Männer oder Frauen aus dem Volk (Volk 1-4) treffen sich.

Volk 3: Hey, was ist los mit dir? Du guckst heute wie ein Kind, dem man das Lieblingsspielzeug gestohlen hat.

Volk 2: *Seufzt. Wendet sich vertraulich an die anderen:* Na gut, euch kann ich es ja sagen, aber ihr müsst es für euch behalten. Ich … ich mache mir Sorgen um unseren Sohn. Ihr wisst ja, die Römer beherrschen unser Land. Unser Volk ist nicht frei. Unser Sohn hat Freunde, die sich Zeloten nennen.

Volk 1: Ah, ich kenne die Zeloten. Sie tragen Waffen und wollen die Römer stürzen.

Volk 2: Ja, so ist es. Was ist, wenn unser Sohn auch so ein Unruhestifter wird? Was, wenn ein Krieg kommt?

Volk 1: Vor einem Krieg habe ich auch Angst.

Volk 2: Ich wünschte, wir wären endlich frei von den Römern. Dann gäbe es diese Unruhe in unserem Volk nicht. Es müsste einer kommen, der uns den Frieden bringt. Ohne Gewalt und ohne Blutvergießen. Frieden für unser Volk und Frieden im Herzen.

Volk 1: Frieden im Herzen? Was meinst du damit?

Volk 2: Na zufrieden sein. Keine Angst mehr haben. Freude am Leben. Geborgenheit.

Volk 1: Das wünsche ich mir auch. Aber wer sollte uns so etwas schenken können?

Volk 2: Ich weiß es doch auch nicht. Es müsste einer kommen, der so etwas schenken kann. Einer, der stärker ist als die Römer und alle Herrscher dieser Welt.

Volk 3: Schlagt euch das aus dem Kopf! So etwas gibt es nicht.

Volk 1: Schaut mal, wer ist das denn?

Der Trommler, der Herold und der Bote schreiten durch den Zuschauerraum. Das Volk auf der Bühne schaut ihnen entgegen. Zwischen den Trommelschlägen ruft der Herold immer wieder:

Herold: Macht Platz für den Boten des Kaisers! Macht Platz für den Boten des Kaisers! Macht Platz für den Boten des Kaisers!

Das Volk auf der Bühne wendet sich den Ankommenden zu. Trommler, Herold und Bote betreten die Bühne und bleiben stehen. Nach einem Trommelwirbel ruft der Herold in verschiedene Richtungen:

Herold: Hört die Botschaft des Kaisers! Hört die Botschaft des Kaisers! Hört die Botschaft des Kaisers!

Der Bote rollt seine Schriftrolle auf.

KOHL VERLAG Drei Krippenspiele für Schulen & Kirchengemeinden – Bestell-Nr. 12 456

2. Vom Suchen und Finden

1. Szene: Der Erlass des Kaisers Augustus

Bote: Achtung! Hört, ihr Bürger von Nazareth! Ich lese die Botschaft des Kaisers:

„Ich,
der allmächtige Kaiser Augustus,
Regent des Römischen Weltreichs,
Herrscher über die ganze Welt,
verkünde euch hiermit meinen Willen:

Das Römische Reich sei ein ewiges Reich.
Ein Reich des Triumphes.
Ein Reich des Friedens.

Alle Bewohner dieses Reiches genießen meinen
Schutz und alle Annehmlichkeiten, die ich,
der erhabene Kaiser Augustus, ihnen garantiere.
Aber um dieses Reich weiter aufzubauen, auszubauen
und zu schützen, muss ich Maßnahmen ergreifen.

Es ist nur recht und billig, dass jeder Bürger meines
Reiches diese Maßnahmen unterstützt. Deshalb tritt ab
sofort ein neues Gesetz in Kraft.

Jeder Bürger soll von nun an Steuern zahlen.
Geht dorthin, wo ihr geboren seid und lasst euch in den
Steuerlisten registrieren.

Ich, der erhabene Kaiser August, habe gesprochen.
So steht es geschrieben. So soll es geschehen.“

Der Bote rollt seine Schriftrolle zusammen. Die Menschen schauen erschrocken, einige schauen sich an, flüstern miteinander. Trommler, Herold und Bote gehen ab. Während sie durch die Reihen zum Ausgang gehen, ertönt die Trommel des Trommlers wieder im Wechsel mit dem Ruf des Herolds.

KOHL VERLAG Drei Krippenspiele für Schulen & Kirchengemeinden – Bestell-Nr. 12 456

2. Vom Suchen und Finden

1. Szene: Der Erlass des Kaisers Augustus

Herold: Macht Platz für den Boten des Kaisers! Macht Platz für den Boten des Kaisers!

Auf einem anderen Weg kommt der Wanderer mit seiner musizierenden Maus. Die Maus musiziert auf ihrem Instrument. Auf der Bühne nimmt der Wanderer seinen Hut ab und hängt ihn sichtbar auf.

Wanderer: Uff. Was ist denn hier los? So viele Menschen! Feiert ihr ein Fest?

Volk 1: Pff, von wegen feiern! Ein Bote des Kaisers war gerade da.

Wanderer: Wow! Ein Bote des Kaisers? Was wollte der in diesem kleinen Dorf?

Volk 2: Der Kaiser will Steuern.

Wanderer: Der Kaiser will steuern? Das macht der doch schon die ganze Zeit. Er steuert das römische Reich.

Volk 4: Nein. Er will Steuern erheben. Geld eintreiben.

Volk 1: Und von wem will er das Geld?

Volk 3: Natürlich von uns. Jeder soll dorthin gehen, wo er geboren ist und sich in eine Liste eintragen lassen.

Volk 2: Diesen Römern fällt immer wieder etwas Neues ein. Und die Zeloten werden noch wütender werden.

Wanderer: Aber ich weiß gar nicht, wo ich geboren bin.

Maria: Du weißt nicht, wo du geboren bist?

Wanderer: Nein, das weiß ich nicht. Ich kenne weder meinen Vater noch meine Mutter.

Josef: Oh, das tut mir leid. Aber darf ich mich vorstellen? Ich bin Josef, der Zimmermann. Und das ist Maria.

Wanderer: Mich nennt man einfach nur Wanderer. Und das hier ist meine musizierende Maus. Wir gehen mal hierhin und mal dahin. Wir schlafen mal hier und wir schlafen mal da. Ich bin auf der Suche. Auf der Suche nach einem Ort, an dem ich mich zuhause fühle. Bis jetzt habe ich ihn noch nicht gefunden.

Josef: Also wenn du willst, kannst du heute mein Gast sein. Allerdings …hm … allerdings habe ich zu Hause eine Katze.

Volk 4: Eine Katze ist gut. Mäuse sind Ungeziefer.

Wanderer: Meine Maus nicht. Sie ist eine besondere Maus.

Volk 1: Eine besondere Maus? Was meinst du damit?

Wanderer: *legt der Maus den Arm um die Schulter:* Wir sind Freunde. Deshalb ist sie für mich eine besondere Maus.

Maria: Das verstehe ich. Gott hat jedes Tier besonders gemacht. Tiere können uns gute Freunde sein.

Wanderer: Manchmal sind mir die Tiere näher als die Menschen.

Volk 3: So ein Unsinn. Tiere sind nur Tiere.

Volk 4: Genau! Und eine Maus muss raus aus dem Haus!

KOHL VERLAG Drei Krippenspiele für Schulen & Kirchengemeinden – Bestell-Nr. 12 456

2. Vom Suchen und Finden

1. Szene: Der Erlass des Kaisers Augustus

Wanderer: *schüttelt traurig den Kopf und wendet sich an Josef:* Danke für die Einladung. Aber ich fürchte, deine Katze ist keine gute Gesellschaft für meine Maus. Wir ziehen lieber weiter. Wer rastet, der rostet.

Wendet sich an Maria: Alles Gute für dich und dein Kind. Du wirst ihm eine gute Mutter sein.

Der Wanderer winkt noch einmal, geht ab, vergisst den Hut. Die Maus beginnt wieder zu musizieren. Die Menschen schauen ihm nach.

Volk 1: Oh, der hat ja seinen Hut vergessen! Hey, warte! Der Hut!

Läuft hinterher, gibt dem Wanderer den Hut.

Volk 4: Der hat eine musizierende Maus zur Freundin. Die Welt wird immer verrückter.

Volk 2: Wir haben größere Sorgen als verrückte Wanderer mit musizierenden Mäusen. Denkt an die Volkszählung des Kaisers.

Volk 4: Stimmt. Wir werden alle wandern müssen. Ich muss nach Jerusalem. Bis dahin ist es eine weite Reise.

Josef zu Maria: Unser Weg ist noch weiter. Meine Vorfahren kommen aus Betlehem. Wirst du das schaffen, Maria?

Maria: Wenn es sein muss, wird Gott uns die Kraft dazu geben. Aber wir sollten bald aufbrechen, Josef.

Musikstück oder Lied

KOHL VERLAG Drei Krippenspiele für Schulen & Kirchengemeinden – Bestell-Nr. 12 456

2. Vom Suchen und Finden

2. Szene: Die Herbergssuche

Darsteller: **(+/-) 9**

Szene 2	Name(n) der Darsteller
Maria	
Josef	
1. Wirt	
2. Wirt	
3. Wirt	
Kind der Wirtin	
Wanderer	
musizierende Maus	
Hirtenjunge	

Requisiten

- Tür oder Tisch mit Geschirr, um die Herberge darzustellen.

Die Wirte sind auf der Bühne. Der 1. Wirt steht hinter der Tür/dem Tisch. Maria und Josef, Menschen aus dem Volk und der Wanderer mit der musizierenden Maus laufen durch den Zuschauerraum. Der Wanderer kommt mit der Maus auf die Bühne, hängt seinen Hut an den Bühnenrand, klopft an die Tür der Herberge und wird abgewiesen. Er zuckt mit den Schultern, geht hinten ab und vergisst den Hut. Maria und Josef bleiben in der Nähe der Bühne stehen.

Josef: Wie geht es dir, Maria? Wollen wir noch eine Pause machen?

Maria: Ach nein Josef, es geht schon. Schau, da vorn ist schon die Stadtmauer von Betlehem. Dort können wir uns ausruhen.

Sie betreten die Bühne, klopfen an die Tür. Der Wirt öffnet und blickt sie genervt an.

KOHL VERLAG Drei Krippenspiele für Schulen & Kirchengemeinden – Bestell-Nr. 12 456

2. Vom Suchen und Finden

2. Szene: Die Herbergssuche

Josef: Guten Tag. Wir suchen …

1. Wirt: … ein Bett für die Nacht. Ich weiß. Aber wir haben nichts frei. Den ganzen Tag über klopft es und klopft es und klopft es. Das ist schlimmer als in der Höhle eines Spechtes zu hausen! Ich suche Ruhe!

Josef: Aber seht ihr nicht, meine Frau bekommt ein Kind!

1. Wirt: Und meine Frau bekommt Kopfschmerzen. Besser gesagt, sie hat schon welche und jammert mir die Ohren voll. Also geht weiter, ich kann euch nicht helfen.

Wirt 1 wechselt mit Wirt 2 die Plätze. Maria und Josef gehen eine Runde und klopfen wieder an.

2. Wirt: Wie viel zahlt ihr?

Josef: Oh, wir haben leider nicht viel. Aber …

2. Wirt: Nicht viel Geld? Dann ist nichts zu machen. Die Nachfrage regelt den Preis. Heute herrscht große Nachfrage, das muss ich nutzen. Ich nehme nur Leute auf, die gut zahlen können.

Josef: Aber meine Frau bekommt ein Kind.

2. Wirt: Das ist nicht meine Schuld. Wer sich Kinder anschafft, sollte vorher überlegen, ob er auch das nötige Kleingeld hat.

Maria: Aber Kinder sind ein Geschenk. Und mein Kind ist ein Geschenk Gottes.

2. Wirt: Ein Geschenk? Unsinn. Geld regiert die Welt.

Schließt die Tür. 2. Wirt wechselt mit 3. Wirt und dem Wirtskind die Plätze. Maria und Josef gehen eine Runde und klopfen wieder an.

Josef: Guten Abend. Wir kommen aus Nazareth und suchen eine Unterkunft.

3. Wirt: Und ich komme aus Betlehem und suche meine Ruhe. Mein Haus ist voll mit fremden Leuten. Mein Kind findet kaum noch ein Fleckchen, wo es sich ausruhen kann. Nein, tut mir leid, noch mehr Leute kann ich nicht verkraften.

Kind: Aber Mama (Papa), so schau doch nur, die Frau bekommt ein Baby!

3. Wirt: Nein, nein, nein. Es geht nicht.

Kind: Aber Mama …

3. Wirt: Nein, mein Schatz, wir haben keinen Platz.

Der 3. Wirt macht die Tür zu. Kurz darauf kommt das Kind wieder heraus. Währenddessen kommt wieder der Wanderer mit der Maus auf die Bühne. Der Wanderer schaut sich suchend um.

Wanderer: Hallo Leute! Hat zufällig jemand einen Hut gesehen?

Josef: Da drüben hängt einer.

Wanderer: Tatsächlich! Da ist er ja! Aber ihr … ihr kommt mir irgendwie bekannt vor.

Josef: Ja, wir sind uns in Nazareth begegnet.

KOHL VERLAG Drei Krippenspiele für Schulen & Kirchengemeinden – Bestell-Nr. 12 456

2. Vom Suchen und Finden

2. Szene: Die Herbergssuche

Wanderer: Oh ja, jetzt erinnere ich mich! *Zu Maria:* Dann bist du also den weiten Weg bis hierher gelaufen? In deinem Zustand?

Maria: Ja, und jetzt bin ich sehr erschöpft. Aber nirgends gibt es ein Bett für uns.

Wanderer: Wenn ich könnte, würde ich euch helfen. Doch leider weiß ich selbst nicht, wo ich schlafen soll.

Josef: Ich weiß nicht mehr weiter, Maria. Was soll nun werden? Wohin sollen wir gehen?

Maria: *Stellt sich vorn an den Bühnenrand, betet*: Wo bist du, Gott? Ich verstehe dich nicht. Der Engel hat gesagt, es ist dein Kind, das ich zur Welt bringen werde. Warum mussten wir gerade jetzt nach Betlehem gehen? Warum finden wir keine Herberge? Wir wissen nicht weiter. Bist du noch da, Gott? Hörst du mich? Bitte, Gott, hilf uns!

Wirtskind: *zupft Maria am Kleid:* Ich weiß einen Platz zum Schlafen. Aber ob es für euch das Richtige ist?

Maria: Hauptsache, ich kann mich endlich ausruhen.

Kind: Der Schlafplatz ist warm und weich, man hat ein Dach über dem Kopf … aber ich weiß wirklich nicht, ob es das Richtige für euch ist.

Maria: Wir sind nicht anspruchsvoll.

Kind: Da hinten, da gibt es einen Stall.

Josef: Einen Stall? Aber …

Maria: Wir nehmen den Stall. Bitte zeigt uns den Weg!

Wanderer: Und ich mach mich wieder auf die Socken. Wer rastet, der rostet.

Der Wanderer geht mit der Maus und lässt seinen Hut wieder liegen. Ein Hirtenjunge kommt vorbei, entdeckt den Hut und nimmt ihn mit.

Hirtenjunge: Mein Vater sagt immer: Was man findet, darf man behalten. Endlich habe ich auch so ein tolles Teil.

Wanderer kommt ohne Maus wieder und klopft an die Tür.

Wanderer: Hat vielleicht jemand meinen Hut gesehen?

3. Wirt: Nein. Geh doch zu den Hirten! Die klauen alles, was nicht niet- und nagelfest ist!

Musikstück oder Lied

2. Vom Suchen und Finden

3. Szene: Die Hirten auf dem Feld

Darsteller: **(+/-) 12, Engelchor**

Szene 3	Name(n) der Darsteller
Wanderer	
Volk 1	
Volk 2	
1. Hirte	
2. Hirte	
3. Hirte	
4. Hirte	
5. Hirte	
Hirtenjunge	
1. Engel	
2. Engel	
3. Engel	
Engelchor	

Requisiten

- Feuerstelle / Hut Wanderer
- helle Lampe für das Erscheinen der Engel / Musikinstrument Maus

Die Hirten sitzen oder stehen am Feuer. In einem anderen Bereich der Bühne befinden sich Leute aus dem Volk. Der Wanderer kommt ohne Maus auf die Bühne.

Wanderer: Geht es auf diesem Weg zu den Hirten?

Volk 1: Ja. Sie sind irgendwo da hinten. Aber ich rate dir gut: Geh lieber nicht zu denen! Den Hirten kannst du nicht trauen!

KOHL VERLAG Drei Krippenspiele für Schulen & Kirchengemeinden – Bestell-Nr. 12 456

2. Vom Suchen und Finden

3. Szene: Die Hirten auf dem Feld

Volk 2: Die Hirten sind komische Kerle. Und sie riechen wie ihre Schafe. Mit denen will keiner was zu tun haben.

Wanderer: Aber ich suche meinen Hut. Der Wirt meint, ich soll die Hirten fragen, ob sie ihn gesehen haben.

Volk 1: Deinen Hut kannst du vergessen! Die Hirten klauen alles, was ihnen vor die Hände kommt.

Wanderer: Ich halte nichts von Vorurteilen und übler Nachrede. Deshalb werde ich zu den Hirten gehen und mir selbst ein Bild von ihnen machen.

Volk 2: Tu, was du nicht lassen kannst. Aber wir haben dich gewarnt.

Volk 3: Pass auf, dass sie dir nicht deine Schuhe und die Hose klauen!

Der Wanderer zuckt mit den Schultern und geht zu den Hirten. Im Hintergrund musiziert die Maus, sie ist aber nicht zu sehen.

1. Hirte: Leute, ich höre Musik!

2. Hirte: Wo soll hier Musik herkommen? Bist wohl wieder mal hingefallen und hörst nun die Engel singen.

1. Hirte: Ja, hingefallen bin ich leider heute auch wieder. Bin über einen Stein gestolpert. Meine Augen werden immer schlechter, bald werde ich gar nichts mehr sehen können. Was wird dann aus mir? Einen blinden Hirten will niemand haben. Aber meine Ohren sind gut. Da war wirklich Musik!

Wanderer: Guten Abend alle miteinander.

Alle Hirten: Guten Abend.

1. Hirte: Hast d u Musik gemacht? Ich habe etwas gehört.

Wanderer: Nein, ich nicht. Das war bestimmt meine musizierende Maus.

2. Hirte: Ei ... eine musizierende Maus? Ich glaube, der da ist nicht ganz richtig im Kopf.

Wanderer: *zum Hirtenjungen:* Oh, da ist ja mein Hut!

Hirtenjunge: Eh, den hab ich gefunden! Das ist m e i n Hut!

Wanderer und Hirtenjunge rangeln miteinander um den Hut.

Wanderer: Gib mir den Hut! Ich habe ihn aus Versehen in Betlehem liegen lassen!

Hirtenjunge: Aber was man gefunden hat, kann man behalten.

3. Hirte: Du gibst sofort den Hut zurück! Wir sind ehrliche Leute!

Hirtenjunge: Und was krieg ich dafür?

3. Hirte: Eine Kopfnuss kannst du kriegen!

Hirtenjunge: Ich will aber Finderlohn.

2. Hirte: *lacht:* Vielleicht zeigt dir der Mann dafür seine musizierende Maus?

Wanderer: Das geht leider gerade nicht. Sie ist weggelaufen. Wir sind zwar Freunde, aber manchmal geht sie ihre eigenen Wege.

Drei Krippenspiele für Schulen & Kirchengemeinden – Bestell-Nr. 12 456
KOHL VERLAG

2. Vom Suchen und Finden

3. Szene: Die Hirten auf dem Feld

2. Hirte: Hihi, weggelaufen. Ne musizierende Maus. Hey Alter, wir haben auch singende Schafe. Die sind aber leider gerade im Stimmbruch. Und unser Hund tanzt Polka, deshalb ist er heute nicht da und wir müssen die ganze Arbeit allein machen.

3. Hirte: *zum 2. Hirten:* Hör auf zu lügen, wir sind ehrliche Leute.

zum Wanderer: Sei ihm nicht böse, Fremder. Er meint es nicht so. Im Grunde ist er ein netter Bursche. Komm, setz dich zu uns ans Feuer und ruh dich aus!

4. Hirte: Leute, wollt ihr nicht endlich mal Ruhe geben? Es ist schon fast Mitternacht. Ich will endlich schlafen.

3. Hirte: Schlaft nur, ich halte Wache.

Alle legen sich hin, auch der Wanderer. Dabei legt er den Hut auf den Boden.

3. Hirte:

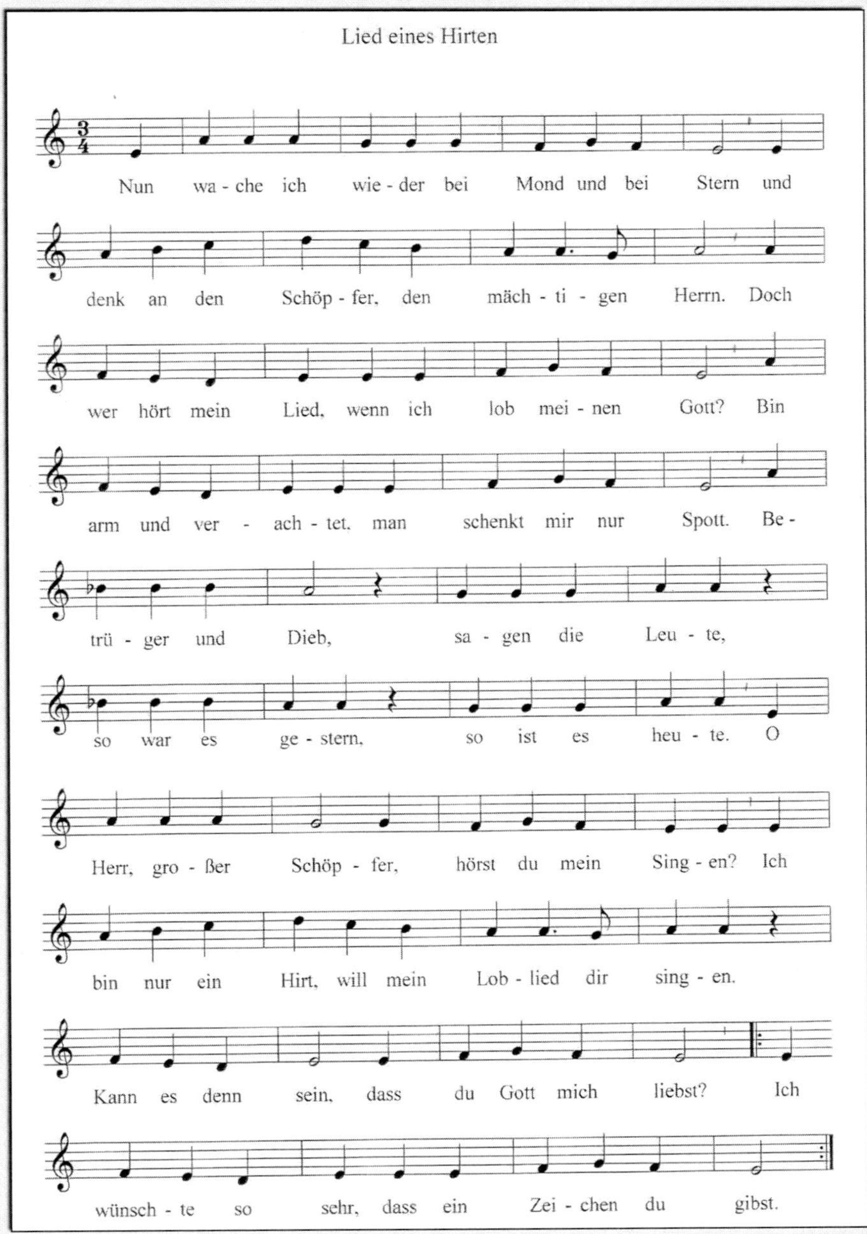

Drei Krippenspiele für Schulen & Kirchengemeinden – Bestell-Nr. 12 456
KOHL VERLAG

2. Vom Suchen und Finden

3. Szene: Die Hirten auf dem Feld

Die Engel summen im Hintergrund und kommen langsam näher.

1. Hirte: Leute, wacht auf! Ich höre Musik.

2. Hirte: Ach, das bildest du dir nur ein. Hast wohl von der musizierenden Maus und den singenden Schafen geträumt?

1. Hirte: Nein, das ist kein Traum. Das ist Himmelsmusik.

2. Hirte: Himmelsmusik? So ein Quatsch!

Die Engel erscheinen, es wird hell. Die Hirten erschrecken.

1. Engel: Fürchtet euch nicht! Habt keine Angst! Wir bringen euch eine gute Nachricht. Eine Nachricht von Gott!

2. Engel: Freut euch! Alle Menschen sollen sich freuen! Alle Menschen auf der ganzen Welt!

3. Engel: Heute ist Christus geboren! Der Heiland. Der Retter. Der Sohn Gottes.

2. Engel: Für euch ist er geboren. Für euch und alle Menschen auf der ganzen Welt.

1. Engel: Gott hat seinen Sohn auf die Erde geschickt. Weil Gott euch lieb hat.

2. Engel: Gott hat euch lieb. Euch und alle Menschen auf der ganzen Welt.

3. Engel: Gott liebt die Kleinen und die Großen. Die Jungen und die Alten. Die Armen und die Reichen. Die Kranken und die Gesunden. Die Dünnen und die Dicken. Die Klugen und die, denen das Denken schwerfällt.

2. Engel: Gott liebt alle Menschen. Alle. Auf der ganzen Welt.

3. Engel: Das ist das Zeichen. Ihr werdet das Kind in einer Futterkrippe finden.

1. Engel: In Windeln gewickelt. In einer Futterkrippe.

Engelchor: z.B.: "Vom Himmel hoch da komm ich her."

3. Hirte: War d a s schön!

1. Hirte: Himmelsmusik.

4. Hirte: Ich bin ganz schön erschrocken. Dieses Licht, diese Musik …

2. Hirte: Wow! D a s war mal was! Endlich mal Spannung und Sensation.

4. Hirte: Na ich weiß nicht. Das … das kommt mir alles vor, wie … wie ein Traum.

3. Hirte: Das war kein Traum, das war ein Geschenk Gottes.

4. Hirte: Ein Geschenk? Das kapier ich nicht!

3. Hirte: Du hast doch gehört, was die Engel gesagt haben! Gott schickt seinen Sohn auf diese Welt. Gott liebt uns – und alle anderen Menschen. Aber wir Hirten erfahren zuerst davon. Wir sind die ersten. Verstehst du, was das bedeutet?

4. Hirte: Nö. Keine Ahnung. Was meinst du?

3. Hirte: Gott liebt uns. Er schickt seine Engel: Zu uns! Damit wir als erste erfahren, dass der Sohn Gottes geboren ist.

1. Hirte: Gott liebt mich. Obwohl ich fast nichts mehr sehen kann. Obwohl ich ziemlich unnütz bin. Gott liebt mich.

KOHL VERLAG Drei Krippenspiele für Schulen & Kirchengemeinden – Bestell-Nr. 12 456

2. Vom Suchen und Finden

3. Szene: Die Hirten auf dem Feld

3. Hirte:	Das ist das Zeichen. Gott hat mir ein Zeichen geschenkt.
1. Hirte:	Kommt! Wir gehen nach Betlehem.
4. Hirte:	Aber … aber sollten wir nicht erst mal nur einen von uns hinschicken? Nur mal so, zum Gucken, ob da auch wirklich ein Kind geboren ist?
Wanderer:	Wenn ihr wollt, gehe ich nach Betlehem und suche den Stall, in dem das Kind geboren ist.
2. Hirte:	Das kommt nicht in die Tüte, Wanderer! Die Engel haben uns besucht! Uns, die Hirten! Also müssen wir die ersten an der Krippe sein. Los Leute, lasst uns laufen!

Der 2. Hirte rennt los, die anderen folgen ihm. Der Wanderer geht mit ihnen, kommt aber noch mal zurück, um seinen Hut zu holen.

Lied, z.B.: „Als ich bei meinen Schafen wacht“. Wenn möglich, kann einer der Hirten die Strophen solo singen.

2. Vom Suchen und Finden

4. Szene: Die Weisen entdecken den Stern

Darsteller: **(+/-) 3**

Szene 4	Name(n) der Darsteller
Caspar	
Melchior	
Balthasar	

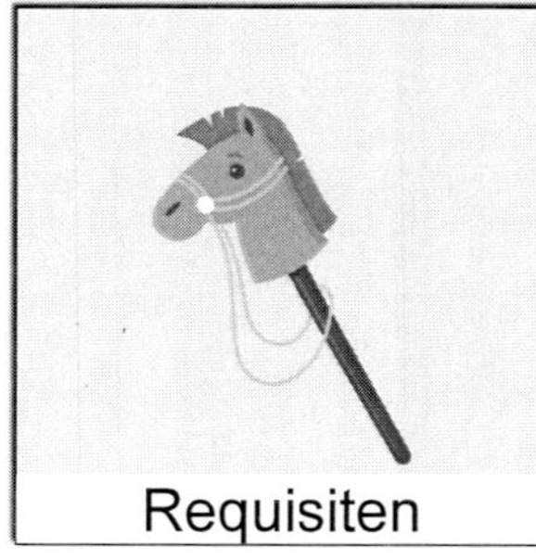

Requisiten

- Fernrohr (ggf. aus Papprolle gebastelt)

Caspar und Melchior stehen beieinander und schauen abwechselnd mit einem Fernrohr die Sterne an.

Caspar: Ich könnte ewig den Sternenhimmel anschauen. Das ist alles sooo schön! Es muss einen Gott geben, der das alles geschaffen hat.

Melchior: Unsinn! Das war eines Tages da. Einfach so.

Caspar: Einfach so! Ha, das glaubst du doch selbst nicht! Gerade wir Wissenschaftler wissen doch, dass das alles höchst kompliziert ist.

Melchior: Hey, schau mal! Was ist das denn?

Melchior reicht Caspar das Fernrohr.

Caspar: Das … das ist … das ist … verblüffend!

Die beiden wechseln sich ab mit dem Fernrohr.

Melchior: Du sagst es! So einen hellen Stern habe ich noch nie gesehen!

Während sie sich weiter mit dem Fernrohr abwechseln, kommt der 3. Weise dazu. Da sie ihn zunächst nicht bemerken, tappt er eine Weile neugierig um sie herum, klopft mal dem einen, mal dem anderen auf die Schulter. Endlich reagiert Melchior.

KOHL VERLAG Drei Krippenspiele für Schulen & Kirchengemeinden – Bestell-Nr. 12 456

2. Vom Suchen und Finden

4. Szene: Die Weisen entdecken den Stern

Melchior: Herein. Ähm …ich … ich wollte fragen, wer klopft?

Balthasar: *Lacht:* Du bist ja ganz durcheinander, Melchior. Was suchst du da? Einen fliegenden Ochsen? Oder tanzen die Sterne heute den Sternentanz?

Melchior: Oh, Balthasar, entschuldige bitte! Wir haben einen Stern entdeckt. Der ist so groß und so hell …! Ich kann kaum fassen, dass es so etwas gibt!

Caspar: Das ist nicht nur e i n Stern, das sind mehrere Sterne! Schaut mal genau hin!

Er reicht das Fernrohr an Balthasar weiter.

Balthasar: Das ist ja gigantisch! Aber du hast recht, es sind mehrere Sterne.

Melchior: Und was bedeutet das?

Caspar: Der eine ist der Stern der Sterne. Der Stern eines Königs.

Balthasar: Ach ja, ich erinnere mich. Das ist wirklich der Königsstern.

Caspar: Und die beiden anderen Sterne sagen uns, wo er geboren sein könnte. Und zwar im Land der Juden.

Melchior: Ach ja – jetzt wo du es sagst, fällt es mir auch wieder ein.

Caspar: Na los, worauf wartet ihr? Lasst uns Geschenke holen und den neugeborenen König besuchen! Wir haben einen weiten Weg vor uns.

Melchior: Naja, sagen wir mal, wir versuchen ihn zu besuchen, indem wir ihn suchen.

Lied; z.B.: „Stern über Betlehem“

KOHL VERLAG Drei Krippenspiele für Schulen & Kirchengemeinden – Bestell-Nr. 12 456

2. Vom Suchen und Finden

5. Szene: König Herodes bekommt Besuch

Darsteller: **(+/-) 6**

Szene 5	Name(n) der Darsteller
König Herodes	
Diener	
Kaspar	
Melchior	
Balthasar	
musizierende Maus	

König Herodes steht am Bühnenrand und hält Ausschau, als stünde er am Fenster.

Herodes: Ist das ein Durcheinander in meinem Land! Überall ein Gerenne und Geschnatter! Das ganze Volk ist auf den Beinen! Das haben wir nur diesem Augustus zu verdanken. *Stampft auf:* Ich hasse diese Römer, ich hasse sie!

Diener: Herr, sie haben gestampft?

Herodes: Was?

Diener: Sie haben gestampft!

Herodes: Das hat nichts zu bedeuten! Verschwinde!

Herodes schaut weiter aus dem Fenster, der Diener zieht sich zurück.

Herodes: Oh, was sehe ich da? Männer aus einem fremden Land? Was suchen die denn hier? Vielleicht sind das Spitzel des römischen Kaisers?

Stampft

Diener: Herr, sie haben gestampft?

Herodes: Geh raus auf die Straße! Hol diese Leute herein. Diese…diese Ausländer da!

Diener geht und kommt mit den Weisen wieder.

Herodes: Was sucht ihr in meinem Land?

Caspar: Wir kommen von weit her und suchen den neu geborenen König.

Herodes: Bei uns gibt es keinen Nachwuchs. Verschwindet aus meinem Land!

KOHL VERLAG Drei Krippenspiele für Schulen & Kirchengemeinden – Bestell-Nr. 12 456

2. Vom Suchen und Finden

5. Szene: König Herodes bekommt Besuch

Balthasar: Wir sind Wissenschaftler und haben einen besonderen Stern entdeckt. Besser gesagt mehrere Sterne. Sie sagten uns, dass es hier einen neu geborenen König geben muss.

Herodes: Davon will ich nichts hören!

Melchior: Der Stern hat uns hierhergeführt in dieses Land. Leider können wir den Stern derzeit nicht sehen. Deshalb sind wir hierhergekommen, zum Königspalast. Denn wo sonst sollte ein neuer König geboren werden, wenn nicht –

Herodes: Papperlapapp und Schnickeschnack! Gesehen! Pff, Sterne! Eure Sterne können mir gestohlen bleiben! *Stampft:* I c h bin der König! I c h allein!

Diener: Herr, sie haben gestampft?

Herodes: Lass diese Kerle verhaften! Ich bin der König, ich!

Diener: Ja, Herr, aber ich bitte zu bedenken … *flüstert ihm etwas ins Ohr:*

Herodes: Hmm. Dann geh und frag die Schriftgelehrten! Beeil dich!

Diener: *Diener geht weg und kommt kurz darauf wieder.*

Sie sagen: Ein Retter wird kommen, zur Erlösung für alle Menschen. Er wird in Betlehem geboren werden. Irgendwann wird das geschehen - nicht jetzt.

Herodes: *Entfernt sich von den Weisen, spricht zu den Zuschauern.*

Wenn es wirklich einen neu geborenen König gibt, ist das eine Katastrophe! Ich werde diese Männer nach Betlehem schicken. Und falls es da ein Baby gibt, werde ich meine Soldaten dahin schicken. Sie müssen dieses Kind aus dem Weg schaffen.

Er wendet sich an die Weisen.

Geht nach Betlehem! Sucht das Kind! Wenn ihr es findet, kommt auf der Rückreise hier vorbei. Dann will ich auch hingehen und dieses Kind anbeten.

Die Weisen gehen ab.

Herodes: Ha, das wäre ja gelacht! Ich habe die Macht! Und ich werde sie behalten!

Musizierende Maus: huscht herbei, Herodes springt auf einen Stuhl, schreit

Herodes: Hi … Hi … Hilfe!

Diener: Ja Herr!

Herodes: Ei … eine Maus! Da … da ist eine Maus! Schaff sie fort, schnell!

Diener: Ja, Herr.

Führt die Maus weg.

Diener: Ja, ja, so sind die hohen Herren! Sie wollen die Welt regieren und haben Angst vor einer Maus. Nun geh, kleine Maus, such dir ein anderes Schlupfloch. Der Palast ist nichts für dich.

Lied oder Musikstück

Drei Krippenspiele für Schulen & Kirchengemeinden – Bestell-Nr. 12 456
KOHL VERLAG

2. Vom Suchen und Finden

5. Szene: König Herodes bekommt Besuch

2. Vom Suchen und Finden

6. Szene: An der Krippe

Darsteller: **(+/-) 15**

Szene 6	Name(n) der Darsteller
Maria	
Josef	
Wanderer	
musizierende Maus	
1. Hirte	
2. Hirte	
3. Hirte	
4. Hirte	
Hirtenjunge	
Caspar	
Melchior	
Balthasar	
2. Wirt	
3. Wirt	
Wirtskind	

Requisiten

- Stuhl
- Krippe
- Geschenke für die drei Weisen, Hut des Wanderers, Instrument der Maus

Drei Krippenspiele für Schulen & Kirchengemeinden – Bestell-Nr. 12 456

2. Vom Suchen und Finden

6. Szene: An der Krippe

Maria sitzt vor der Krippe, Josef steht.

Maria: Ach Josef, ich bin so froh, dass wir diesen warmen Platz hier gefunden haben.

Josef: Du hast recht, Maria. Aber etwas ungewöhnlich ist es schon. Ich kann nicht verstehen, dass Gott seinen Sohn hier im Stall zur Welt kommen lässt!

Maria: Gott macht keine Fehler. Irgendeinen Grund wird er haben.

Josef: Ich glaube, da kommt jemand. Ich gehe mal nachsehen.

Josef geht zum Bühnenrand und empfängt dort den 2. Hirten.

2. Hirte: Sei gegrüßt, Fremder. Kannst du mir sagen, ob hier in der Nähe ein Kind geboren wurde?

Josef: Ja, hier seid ihr ganz richtig. Das Kind liegt dort in der Futterkrippe. Aber wie kommt es, dass ihr davon wisst?

Hirtenjunge: Es ist kaum zu glauben, aber es ist wahr. Gott hat uns seine Engel geschickt! Sie sind zu uns gekommen, als wir in der Nacht bei unseren Schafen auf dem Feld waren.

1. Hirte: Ja, die Engel haben es uns gesagt! Der Sohn Gottes ist geboren. Hier in Betlehem, in einem Stall.

4. Hirte: Und wir sind sofort losgelaufen. Wir wollten wissen, ob die Engel recht haben.

Maria: So kommt herein und seid unsere Gäste.

3. Hirte: Das ist ein Wunder. Danke für dieses Zeichen deiner Liebe, Gott.

3. Wirt kommt mit dem Kind, sie treffen den 2. Wirt.

Kind: Komm schnell, dort im Stall liegt der Sohn Gottes!

2. Wirt: Was redest du da?

3. Wirt: Wir hätten die schwangere Frau ins Haus lassen sollen! Nun ist Gottes Sohn in diesem Stall geboren. Komm mit und sieh selbst!

2. Wirt: Ich soll mitkommen? Nein! Ich habe noch zu tun. Ich muss mein Geld zählen.

Wirtskind: Dann kuschel doch mit deinem Geldsack! Wir besuchen den Gottessohn!

Der Wanderer kommt mit der Maus.

Maus: Ich möchte dem Kind mein Lied bringen.

2. Hirte: Du … du sprichst? Eine Maus, die musizieren und reden kann?

Maus: Ja heute ist doch die Heilige Nacht! Da zeigt uns Gott ein Stück vom Paradies und die Menschen verstehen die Tiere. *Die Maus musiziert.*

Maria: Vielen Dank, kleine Maus. Musik ist ein wunderbares Geschenk!

Wanderer: Endlich bin ich am Ziel. Ruhelos bin ich umhergeirrt. Mein Leben lang war ich auf der Suche. Jetzt weiß ich, dass ich nur dich gesucht habe, Sohn Gottes. Du schenkst mir Heimat und Liebe.

KOHL VERLAG Drei Krippenspiele für Schulen & Kirchengemeinden – Bestell-Nr. 12 456

2. Vom Suchen und Finden

6. Szene: An der Krippe

Wirtskind: Da kommen noch mehr Leute. Die sehen aber nicht wie arme Hirten aus.

Caspar: Hier muss es sein! Der Stern ist wieder da! Er steht genau über diesem Stall!

Melchior: Merkwürdig. Ein Stall. Hier hätte ich nie nach einem Königskind gesucht!

Balthasar: Du bist der Sohn Gottes. Es gibt keinen Zweifel. Nimm dieses Gold als Geschenk. Du machst mich reich!

Caspar: Ich habe dir Weihrauch mitgebracht. Es sollte ein Geschenk sein. Aber du hast mich viel mehr beschenkt. Ich weiß jetzt, dass Gott wirklich da ist!

Melchior: Die Myrrhe ist mein Geschenk für dich. Ich dachte immer, diesen Gott gibt es nicht. Du hilfst mir, ihn zu finden.

Lied/Musikstück

Nachtrag zu Krippenspiel 2

Einige Ideen und Sätze, die für eine kurze Verkündigung herausgegriffen und ausgebaut werden können.

Das Volk ist auf der Suche nach Frieden.

Nach einem Friedensbringer, der stärker ist als die Römer. Die Menschen haben Sehnsucht nach Frieden im Herzen. Keine Angst mehr zu haben. Freude am Leben. Geborgenheit. Jesus hat später davon gesprochen, dass er diesen Frieden bringt (Joh.14,27/Joh. 16,33). Jesus, der Auferstandene zeigt sich später mit dem Gruß: „Friede sei mit euch!“ (Lk.24,36/Joh.20 die Verse 19,21 und 26)

Der Wanderer ist auf der Suche nach einem Ort, an dem er sich zuhause fühlt.

Der Wanderer hat keinen Menschen, deshalb hält er Freundschaft mit einem Tier. Der Hut steht symbolisch für „behütet sein“. Immer wieder verliert der Wanderer seinen Hut. An der Krippe findet der Wanderer, was er gesucht hat: „Sohn Gottes, du schenkst mir Heimat und Liebe.“

Maria und Josef sind auf der Suche nach einer Herberge.

Nach einem Ort und nach Menschen, die sie und den kommenden Sohn Gottes aufnehmen. Sie finden ein Kind, das sie in einen Stall führt.

Maria: Kinder sind ein Geschenk. Mein Kind ist ein Geschenk Gottes.

Maria sucht in ihrer Not nach Gott. „Wo bist du, Gott? Ich verstehe dich nicht. Der Engel hat gesagt, es ist dein Kind, das ich zur Welt bringen werde. Warum mussten wir gerade jetzt nach Betlehem gehen? Warum finden wir keine Herberge? Wir wissen nicht weiter. Bist du noch da, Gott? Hörst du mich? Bitte, Gott, hilf uns!“

2. Vom Suchen und Finden

Nachtrag zu Krippenspiel 2

1. Wirt: Ich suche meine Ruhe. 2. Wirt: Geld regiert die Welt.

Die Hirten haben Sehnsucht nach Anerkennung.

„Wir sind ehrliche Leute." Sie suchen einen Platz, an dem sie sein können, wenn sie nichts mehr leisten können. „Meine Augen werden immer schlechter, bald werde ich gar nichts mehr sehen können. Was wird dann aus mir? Einen blinden Hirten will niemand haben."

Die Hirten haben Sehnsucht nach Liebe.

„Kann es denn sein, dass du, Gott mich liebst? Ich wünschte so sehr, dass ein Zeichen du gibst."

Sie glauben der Botschaft der Engel, machen sich auf den Weg, finden Gottes Liebe und nehmen sie an. „Du hast doch gehört, was die Engel gesagt haben! Gott schickt seinen Sohn auf diese Welt. Gott liebt uns." „Gott liebt mich. Obwohl ich fast nichts mehr sehen kann. Obwohl ich ziemlich unnütz bin. Gott liebt mich."

Die Engel bringen eine frohe Botschaft für alle Menschen.

3. Engel: Heute ist Christus geboren. Der Heiland. Der Retter. Der Sohn Gottes.

2. Engel: Für euch ist er geboren. Für euch und alle Menschen auf der ganzen Welt.

1. Engel: Gott hat seinen Sohn auf die Erde geschickt. Weil Gott euch liebhat.

3. Engel: Gott liebt die Kleinen und die Großen. Die Jungen und die Alten. Die Armen und die Reichen. Die Kranken und die Gesunden. Die Dünnen und die Dicken. Die Klugen und die, denen das Denken schwerfällt.

Herodes sucht die Macht.

Gleichzeitig ist er sehr verletzlich. Diener: „Ja, so sind die hohen Herren. Wollen die Welt regieren und haben Angst vor einer Maus."

Die Weisen suchen und finden das Kind.

„Wir versuchen ihn zu besuchen, indem wir ihn suchen." „Du bist der Sohn Gottes. Es gibt keinen Zweifel. Nimm dieses Gold als Geschenk. Du machst mich reich." „Ich habe dir Weihrauch mitgebracht. Es sollte ein Geschenk sein. Aber du hast mich viel mehr beschenkt. Ich weiß jetzt, dass Gott wirklich da ist." „Die Myrrhe ist mein Geschenk für dich. Ich dachte immer, diesen Gott gibt es nicht. Du hilfst mir, ihn zu finden."

Die Überschrift dieses Krippenspieles

könnte auch lauten: „Vom Unterwegs-sein." Unterwegs durchs Leben. Unterwegs zum Geburtsort. Der Wanderer war unterwegs. Wenn man den Sohn Gottes finden will, muss man sich aufmachen und losgehen, wie die Weisen und die Hirten.

KOHL VERLAG Drei Krippenspiele für Schulen & Kirchengemeinden – Bestell-Nr. 12 456

3. Gott ist uns nahe

Darsteller: **(+/-) 20, Engelchor, Christen aus unserer Zeit**

Überblick	Name(n) der Darsteller
Maria	
Josef	
Engel Michael	
Engel Gabriel	
1. Engel	
2. Engel	
1. Wirt	
2. Wirt	
3. Wirt	
Wirtskind	
Nathanael	
Stephanus	
Lukas	
Jonathan	
Jakob	
Simon	
Caspar	
Melchior	
Balthasar	
Elisabeth	
Engelchor	
Christen aus unserer Zeit	

3. Gott ist uns nahe

1.Szene: Ein wichtiger Auftrag

Requisiten

- Besen
- Kochlöffel
- Hirtenfeuer
- Schriftrollen oder
- dicke Bücher
- Krippe
- Geschenke der Weisen
- Tür oder Tisch für die Wirte
- Babypuppe für Elisabeth

Szene 1	Name(n) der Darsteller
1. Engel	
2. Engel	
Engel Gabriel	
Engel Michael	

Zwei kleine Engel unterhalten sich im Vordergrund der Bühne. Die Engel Gabriel und Michael stehen im Hintergrund auf der Bühne.

1. Engel: Engel, o Engel, mir ist sooo langweilig! Es könnte mal wieder etwas richtig Spannendes passieren!

2. Engel: Du hast recht. Ich finde es zum Beispiel voll spannend, mit einem von diesen Menschen zu reden. Aber leider haben wir schon lange keine Botschaft mehr ausgetragen.

1. Engel: Nun ja. Genau genommen haben wir schon oft versucht, mit diesen Menschen Kontakt aufzunehmen. Aber irgendwie verstehen sie uns nicht. Tag für Tag beschützen wir sie. Aber sie sind so mit sich beschäftigt, dass sie uns gar nicht bemerken.

2. Engel: Du hast wieder recht! Neulich bin ich einem Mann ganz nahe vor der Nase herumgeflattert. Er war auf dem Weg in eine Kneipe, um sich dort zu betrinken. Ich wollte ihn davon abhalten. Aber denkst du etwa, der hätte mich beachtet? Pustekuchen! Und als ich ihm dann kurzerhand die Mütze geklaut habe, dachte er, das wäre der Wind gewesen.

1. Engel: Ja, so sind die Menschen. Sie rechnen überhaupt nicht mehr mit uns. Weil wir unsichtbar sind.

3. Gott ist uns nahe

1.Szene: Ein wichtiger Auftrag

2. Engel: Sie glauben nur noch an das, was sie sehen und anfassen können. Dabei gibt es doch noch so viel mehr zwischen Himmel und Erde!

1. Engel: Die einzigen, die noch auf uns achten, sind die kleinen Kinder.

2. Engel: Nunja, wir wollen nicht ungerecht sein. Es gibt auch viele alte Leute, die mit uns rechnen. Und einige …

1. Engel: Hey, schau mal, da kommen die obersten Botschaftsengel!
Hallo, Gabriel. Hallo Michael. Gibt es etwas Neues?

Gabriel: Natürlich gibt es etwas Neues! Und wir haben eine wichtige Aufgabe.

Michael: Kein Mensch ahnt, dass etwas Großes geschehen wird. Etwas, das die ganze Welt verändern wird.

2. Engel: Oh, ihr macht uns ja ganz neugierig! Erzählt mal! Hat Gott sich etwa wieder etwas Besonderes ausgedacht? Wie bei der Schöpfung?

Gabriel: Wir haben jetzt keine Zeit, euch das alles zu erklären. Ihr erfahrt es schon noch früh genug. Wir müssen los.

Michael: Ja, genau. Und ihr solltet eure Arbeit machen! Geht und beschützt die Menschen! Husch, husch, kleine Engel!

Lied, z.B.: Keinem von uns ist Gott fern

3. Gott ist uns nahe

2. Szene: Der Engel Gabriel bei Maria

Darsteller: **(+/-) 12, Engelchor**

Szene 2	Name(n) der Darsteller
Engel Gabriel	
Maria	
Elisabeth	
(1)	

(1) Die Rolle von Gabriel kann aufgeteilt werden, indem er einen oder mehrere Engel als Begleiter erhält.

Requisiten

- Besen

Maria kehrt und putzt.

Maria: So viele Sägespäne habe ich schon lange nicht zusammengekehrt. Aber das macht nichts, ich helfe meinem Josef gern. Er hat zurzeit sehr viele Aufträge. Er muss Holz für den Bau einer Brücke vorbereiten. Einer unserer Nachbarn braucht einen neuen Pflug, ein anderer ein Rad für seinen Ochsenkarren und ein junges Paar möchte Möbel haben, die gut gebaut sind und lange halten. Da sind sie bei Josef an der richtigen Adresse, der kann …

Der Engel Gabriel erscheint. Maria erschrickt, hält sich den Arm vor die Augen.

Gabriel: Sei gegrüßt, Maria! Fürchte dich nicht!

Maria: *Maria blickt schüchtern auf:* W – w – w … wer bist du?

Gabriel: Ich bin Gabriel, ein Botschafter Gottes.

Maria: Ein … ein Engel? *Fällt auf die Knie.*

Drei Krippenspiele für Schulen & Kirchengemeinden – Bestell-Nr. 12 456
KOHL VERLAG

3. Gott ist uns nahe

2. Szene: Der Engel Gabriel bei Maria

Gabriel: Ja. Ich bin Gabriel. Ich habe eine wichtige Nachricht für dich. Gott hat dich lieb, Maria. Gott hat dich auserwählt.

Maria: Mich? Aber das … das kann doch nicht wahr sein! Ich… ich bin doch nur eine einfache Frau. Ich bin nichts Besonderes. Ich besitze nichts Besonderes. Ich … ich habe nichts Besonderes geleistet. Bestimmt meint Gott eine andere Frau. Oder …

reibt sich die Augen

… oder ist alles hier ein Traum?

Gabriel: Das ist kein Traum, Maria! Gott hat dich auserwählt. Dich, Maria!

Maria: Auserwählt? Aber … aber wofür wurde ich auserwählt?

Gabriel: Du wirst ein Kind bekommen, Maria. Das Kind ist Gottes Sohn. Du sollst ihm den Namen Jesus geben.

Maria: Das … das kann nicht sein. Ich bin noch nicht verheiratet. Wie kann ich da ein Kind bekommen?

Gabriel: Gott schenkt dir dieses Kind. Es ist Gottes Sohn. Er wird ein König sein, dessen Reich nie zu Ende geht. Alle, die an ihn glauben, werden ewiges Leben bekommen.

Maria: *nachdenklich*: Auserwählt? Von Gott? Ich soll Gottes Sohn zur Welt bringen? Das ist kein Traum. Gott hat eine Aufgabe für mich. Eine wichtige Aufgabe.

Maria: *steht auf, wendet sich an den Engel*: Gut. Was Gott will, das soll geschehen. Ich bin bereit, seinen Willen zu tun.

Gabriel: Ich muss dir noch etwas sagen, Maria. Deine Verwandte, die Elisabeth, ist auch schwanger.

Maria: Elisabeth ist schwanger? Aber sie ist doch schon so alt. Und alle haben gedacht, sie kann keine Kinder bekommen. Sie war sehr traurig deswegen.

Gabriel: Gott hat ihr Gebet erhört. Elisabeth und Zacharias werden ein Kind bekommen. Gott kann alles, für ihn ist nichts unmöglich.

Maria: Gottes Wille soll geschehen. Was Gott tut, das ist richtig. Ich bin des Herren Magd.

Der Engel verschwindet.

Maria: Das ist unglaublich! Aber es war kein Traum, der Engel war wirklich hier und hat mit mir gesprochen. Und Elisabeth ist auch schwanger? In ihrem Alter ist das ein Wunder. Dann hat Gott uns also beide für ein Wunder auserwählt? Ich muss Elisabeth besuchen und mit ihr reden! Ich werde mich sofort auf den Weg durchs Gebirge machen.

Maria ist unterwegs. Kurzes Musikstück oder Lied.

Drei Krippenspiele für Schulen & Kirchengemeinden – Bestell-Nr. 12 456
KOHL VERLAG

3. Gott ist uns nahe

2. Szene: Der Engel Gabriel bei Maria

Maria: Guten Tag, Elisabeth. Gott sei mit dir!

Elisabeth: Guten Tag, Maria! Was ist mit dir los? Mit dir muss etwas Besonderes geschehen sein! Als ich deinen Gruß hörte, bewegte sich das Kind in mir. Es war gerade so, als würde es vor Freude hüpfen.

Maria: Etwas Unglaubliches ist geschehen. Ein Engel hat mir eine Botschaft von Gott gebracht. Auch ich werde ein Kind bekommen. Es ist der Sohn Gottes.

Elisabeth: Gesegnet seist du, Maria! Gesegnet sei das Kind in deinem Leibe! Ich habe gleich gemerkt, dass mit dir etwas Besonderes passiert ist. Und mein Kind hat es auch gespürt. Gott hat dich gesegnet, mehr als alle anderen Frauen.

Maria: Ja, ich kann es kaum fassen! Aber es ist wahr!

Elisabeth: Womit habe ich das verdient, dass die Mutter des Heilandes zu mir kommt? Wie glücklich kannst du sein! Gott hat dich auserwählt! Du hast dem Engel geglaubt. Was Gott dir angekündigt hat, das wird geschehen. Das weiß ich ganz sicher.

Maria: *betet*: Gott, ich danke dir. Meine Worte reichen nicht aus, um dich zu loben und dir zu danken, du allmächtiger Gott. Alles in mir ist Freude. Du, Gott, hast mich auserwählt, obwohl ich nichts Besonderes bin. Du hast ein Wunder an mir getan. Allen, die an dich glauben, tust du Gutes.

Elisabeth *betet*: Ja, so ist es. Danke Gott.

Maria: Gott, du hast die Macht, die Mächtigen dieser Erde von ihrem Thron zu stoßen und die Niedrigen empor zu heben. Den Hungrigen hilfst du, satt zu werden. Und alles, was du uns Menschen versprochen hast, wirst du halten. Ich bin so glücklich, dass ich die Mutter deines Heilandes sein werde!

Maria singt ein Loblied.

Die Verkündigungskirche
in Nazareth

KOHL VERLAG Drei Krippenspiele für Schulen & Kirchengemeinden – Bestell-Nr. 12 456

3. Gott ist uns nahe

3. Szene: Josef bekommt eine wichtige Aufgabe

Darsteller: **(+/-) 5**

Szene 3	Name(n) der Darsteller
Maria	
Josef	
Engel Michael	
1. Engel	
2. Engel	

Josef: Bin ich müde! Das war wieder ein Tag voller Arbeit. Endlich ausruhen. Endlich ein wenig schlafen.

Josef legt sich hin.

Michael: Josef! Du Nachkomme Davids!

Josef: *erschrickt.* Ei – ei - ei … ein Engel? W – w - w … was willst du?

Michael: Hör zu, Josef! Das Kind, das Maria erwartet, ist der Sohn Gottes. Wenn er geboren wird, sollst du ihn Jesus nennen.

Josef: Gottes Sohn? Jesus?

Michael: Jesus bedeutet: Der Herr rettet. Gott will die Menschen durch Jesus von ihrer Schuld befreien.

Josef: Dann soll ich also der Adoptivvater vom Sohn Gottes sein?

Michael: So soll es sein, Josef.

Der Engel verschwindet. Josef steht auf und reibt sich die Augen.

Josef: Das war ein Traum, aber er war so … so wirklich. Gott hat durch diesen Traum zu mir gesprochen. Ich werde gut für Maria und das Kind sorgen. Das verspreche ich.

Josef geht ab. Sehr kurzes Musikstück oder Liedstrophe. Maria kommt auf die Bühne, räumt ein wenig auf oder kehrt. Josef stürzt atemlos herein.

Josef: *atemlos*: Maria! Ich … ich habe schlechte Nachrichten!

Maria *lässt etwas fallen.* Josef! Hast du mich erschreckt! Was ist passiert?

Josef: Der … der Kaiser … Kaiser Augustus hat eine Volkszählung angeordnet. Alle müssen in ihren Geburtsort gehen.

KOHL VERLAG Drei Krippenspiele für Schulen & Kirchengemeinden – Bestell-Nr. 12 456

3. Gott ist uns nahe

3. Szene: Josef bekommt eine wichtige Aufgabe

Maria:	Also müssen wir nach Betlehem gehen?
Josef:	Du sagst es, Maria. Es tut mir so leid! Ich würde dir die weite Reise gern ersparen, aber ich kann nichts machen. Was der Kaiser befiehlt, das müssen wir tun. Ich fühle mich so hilflos. Ich möchte dich und das Kind beschützen. Aber ich kann nichts tun.
Maria:	Das wird eine schwere Reise, Josef. Aber Gott wird mit uns sein. Mit Gottes Hilfe werden wir es schaffen.
Josef:	Wieso bist du dir da so sicher, Maria? Mir fällt es schwer, einfach nur auf Gott zu vertrauen. Ich bin Handwerker, ich bin es gewöhnt, etwas zu tun.
Maria:	Gott ist der Vater unseres Kindes, Josef. Gott will dieses Kind. Gott wird uns beschützen. Er wird dafür sorgen, dass dem Kind und uns nichts geschieht. Daran glaube ich ganz fest.
Josef:	Du hast einen starken Glauben, Maria. Also will auch ich mich bemühen, auf Gott zu vertrauen. Ich gehe jetzt und bereite alles für die Reise vor. Wir sollten sofort aufbrechen.
1. Engel:	Maria und Josef vertrauen auf Gott. Gott wird sie nicht verlassen. Komm, wir begleiten sie auf ihrer Reise.
2. Engel:	Ja, das machen wir. Wir sind Gottes Boten. Und wir sind ihre Schutzengel.
1. Engel:	Wir werden bei ihnen sein. Nichts wird ihnen zustoßen. Wir werden die wilden Tiere von ihnen fernhalten. Kein Räuber wird sich in ihre Nähe trauen.
2. Engel:	Wir werden ihnen Kraft schenken für jeden neuen Tag. Auf steinigen Wegen werden sie nicht hinfallen. Sie werden in keine Schlucht stürzen.
1. Engel:	Sie werden täglich genug zu essen und zu trinken haben. Dem Kind wird es gut gehen.
2. Engel:	Wir gehen mit ihnen, auch wenn sie uns nicht sehen. Wir sind ihnen nahe, auch wenn sie es nicht spüren.

Lied oder Musikstück

KOHL VERLAG Drei Krippenspiele für Schulen & Kirchengemeinden – Bestell-Nr. 12 456

3. Gott ist uns nahe

4. Szene: Maria und Josef finden eine Unterkunft

Darsteller: **(+/-) 8**

Szene 4	Name(n) der Darsteller
Maria	
Josef	
1. Engel	
2. Engel	
1. Wirt	
2. Wirt	
3. Wirt	
Kind aus Volk	

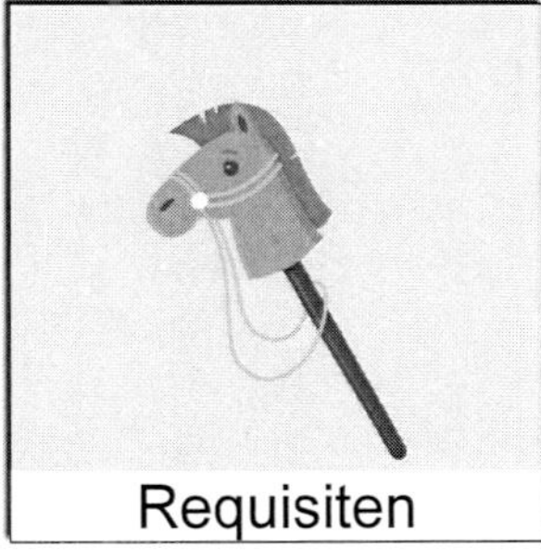

Requisiten

- Tür oder Tisch für die Wirte
- Kochlöffel

Maria und Josef gehen durch den Zuschauerraum. Die Engel begleiten sie.

Josef: Schau, Maria, da vorn ist die Stadtmauer von Betlehem. Gleich sind wir da.

Maria: Gott sei Dank! Ich bin sehr erschöpft!

Josef: Aber du hattest recht. Gott hat uns auf der langen Reise behütet. Nun müssen wir nur noch eine Unterkunft finden.

Sie klopfen an die erste Tür.

1. Wirt: Was ist denn nun schon wieder los?

KOHL VERLAG Drei Krippenspiele für Schulen & Kirchengemeinden – Bestell-Nr. 12 456

3. Gott ist uns nahe

4. Szene: Maria und Josef finden eine Unterkunft

Josef: Wir kommen von weit her und suchen eine Unterkunft.

1. Wirt: Tut mir leid, ich habe nichts frei.

Maria: Wir sind sehr erschöpft und brauchen nicht viel Platz.

1. Wirt: Versteht ihr meine Sprache nicht oder was? Wenn ich sage, ich habe nichts frei, dann habe ich nichts frei, und damit basta! Und nun lasst mich in Ruhe, ich habe zu tun!

Kind: *kommt vorbei:* Das hätte ich euch gleich sagen können! Der ist immer unfreundlich. Zu jedem!

Maria und Josef laufen eine Runde, klopfen an.

2. Wirt: Hey, was geht ab?

Josef: Wir kommen von weit her und suchen eine Unterkunft.

2. Wirt: Ich habe keinen Platz mehr.

Josef: Aber meine Frau bekommt ein Kind!

2. Wirt: Na und? Da kann ich doch nichts dafür.

Kind: Hey Leute, bei dem braucht ihr gar nicht weiter zu fragen. Der lässt euch garantiert nicht rein. Das ist ein alter Sturkopf.

2. Wirt: Was fällt dir ein, du Dreikäsehoch? Scher dich fort!

Kind: Aber warum denn? Ich sage doch nur die Wahrheit!

2. Wirt: Du Frechling du! Dir werd ich's zeigen!

Nimmt einen Kochlöffel und rennt dem Kind nach. Das Kind lacht und rennt davon. Josef klopft beim nächsten Wirt. Während des folgenden Gesprächs schleicht sich das Kind wieder heran.

3. Wirt: *Öffnet lachend die Tür und breitet die Arme aus.* Na endlich! Das wurde aber auch Zeit! Oh!

Wird ernst und mustert Maria. Oh nein … also ich … ich dachte, jetzt kommt endlich die Frau aus dem Nachbarort und bringt mir frische Eier und ein geschlachtetes Huhn. Ich weiß schon gar nicht mehr, was ich meinen Gästen vorsetzen soll. Aber wie ich sehe, habe ich mich geirrt.

Josef: Habt ihr noch ein Bett für uns frei?

3. Wirt: Leider nicht. Wir haben hier eine Ankunft nach der anderen. Ich habe keine Unterkunft und kann euch keine Auskunft geben.

Maria: Wir brauchen nur ein ganz kleines Plätzchen für die Nacht.

3. Wirt: Ich habe kein Plätzchen, auch nicht für eine Nacht.

Josef: Meine Frau erwartet ein Kind.

3. Wirt: Ja klar, das sehe ich. Ich kann euch trotzdem nicht helfen, ihr kommt einfach zu spät.

Josef: Aber es ist kein gewöhnliches Kind. Es ist Jesus, der Sohn Gottes.

3. Wirt: Gottes Sohn? *Lacht:* Wollt ihr mich veräppeln?

3. Gott ist uns nahe

4. Szene: Maria und Josef finden eine Unterkunft

Maria: Aber nein! Wir wissen es ganz sicher.

3. Wirt: Das soll ich glauben? So ein Unsinn. Ha, da wird ja das Huhn in der Pfanne verrückt! Ich bin doch nicht von Dummsdorf.

Kind: Und wenn es wahr ist? Wenn es wirklich Gottes Sohn ist?

3. Wirt: *lacht wieder.* Nein, das kann ich nicht glauben.

Maria und Josef blicken sich ratlos an. Die beiden Engel flüstern dem Kind abwechselnd etwas ins Ohr. Das Kind nickt, tritt an den Wirt heran und zupft ihn am Ärmel.

Kind: Ich glaube es. Ganz sicher ist dieses Kind Gottes Sohn! Und ob du es glaubst oder nicht ist mir egal, aber diese Frau braucht dringend Ruhe. Wenn dein Haus voll ist, kannst du sie doch wenigstens in den Stall lassen. Da ist es warm und trocken.

3. Wirt: Den Stall? *Wendet sich an Maria und Josef:* Von mir aus könnt ihr in den Stall gehen und da bleiben so lange ihr wollt. Aber ob das der richtige Platz für euch ist?

Maria: Der Stall ist mir recht. Hauptsache, ich kann mich endlich ausruhen.

Josef: Ja, dann nehmen wir den Stall.

3. Wirt: *Wendet sich an das Kind.* Du kannst sie in den Stall führen. Und falls dieses Kind wirklich Gottes Sohn ist, dann werden wir das schon irgendwie merken. Das hoffe ich zumindest.

1. Engel: Puh, das wäre geschafft. Endlich kann Maria sich ausruhen. Bestimmt war es für sie nicht leicht, von so vielen Menschen abgelehnt zu werden.

2. Engel: Nein, leicht war das nicht. Aber so ist das Leben. Gott hat den Menschen nicht das Paradies auf Erden versprochen. Aber er hat ihnen versprochen, immer und überall bei ihnen zu sein.

1. Engel: Ja, und wenn sie abgewiesen werden und es ihnen nicht gut geht, ist er den Menschen besonders nahe. Auch wenn sie es nicht spüren. Er geht mit ihnen durch die tiefsten Tiefen und die finstersten Täler.

3. Gott ist uns nahe

5. Szene: Die Engel bei den Hirten

Darsteller: **(+/-) 10, Engelchor**

Szene 5	Name(n) der Darsteller
Nathanael	
Stephanus	
Lukas	
Jonathan	
Jakob	
Hirtenkind Simon	
Engel Michael	
Engel Gabriel	
1. Engel	
2. Engel	
Engelchor	

Requisiten

- Hirtenfeuer

Drei Krippenspiele für Schulen & Kirchengemeinden – Bestell-Nr. 12 456
KOHL VERLAG

3. Gott ist uns nahe

5. Szene: Die Engel bei den Hirten

Das Hirtenfeuer wird erst später angeschaltet. Die Hirten laufen frierend hin und her. Reiben sich die Arme. Stöhnen über die Kälte.

1. Engel: Diese Hirten sind raue Kerle. Aber in ihren Herzen haben sie Sehnsucht.

2. Engel: Ja. Sie sehnen sich nach ein wenig Liebe. Nach Anerkennung. Nach einem Zuhause. Nach Wärme. Nach Licht.

1. Engel: Sie merken nicht, dass Gott da ist. Sie spüren nicht, dass wir bei ihnen sind. Tag und Nacht.

1. Engel und 2. Engel gehen zu den Hirten, fuchteln vor ihnen herum, klopfen ihnen auf die Schulter, streichen ihnen übers Haar, sie reagieren nicht.

1. Engel: Sie merken es nicht. Aber bald werden sie es erfahren. Gott liebt sie. Er ist ihnen ganz nahe.

Nathanael: Alles ist ruhig in dieser Nacht.

Jakob: Wo hat's gekracht?

Nathanael: Ich sagte, alles ist ruhig in dieser Nacht. Und es ist sehr kalt.

Jakob: Aber hier ist doch gar kein Wald?

Nathanael: Ich sagte, es ist sehr kalt.

Stephanus: Komm, lasst uns ein Feuer anzünden! Damit wir uns wärmen können.

Lukas: Das ist eine gute Idee.

Jakob: Aber nein, bei uns gibt es bestimmt keinen Schnee.

Lukas: Ach du warmer Strumpf. Putz dir mal die Ohren! Ich sagte, das Feuer ist eine gute Idee.

Jakob: Ein Feuer ist gut. Aber wo ist ein Sumpf?

Lukas: Das ist nur so eine Redensart. Ich sagte, „ach du warmer Strumpf". Weil ich ständig kalte Füße habe und mir warme Strümpfe wünsche.

Jonathan: Was redet ihr da für einen Quatsch mit Soße?

Jakob: Ich habe keinen Matsch an der Hose.

Jonathan: *winkt ab.* Zündet endlich das Feuer an.

Stephanus bückt sich und macht das Feuer an.

Stephanus: Nun kommt endlich ans Feuer. Ich bin ziemlich kaputt, ich muss unbedingt ein wenig schlafen.

Jonathan: Aber einer muss Wache halten. Nicht, dass uns die Wölfe ein Schaf reißen. Du bist heute dran, Nathanael!

Nathanael: Och, ich schon wieder!

Stephanus: Na klar, wer denn sonst?

Nathanael: Na du könntest auch mal Wache halten.

Stephanus: Ich? Nee, nee mein Guter, da spielt sich nichts ab. Mir schlafen schon alle Knochen ein und ich kann kaum noch die Augen offenhalten.

Nathanael: Aber ich bin auch sehr müde.

3. Gott ist uns nahe

5. Szene: Die Engel bei den Hirten

Stephanus: Das nützt nichts. Arbeit ist Arbeit. Da musst du ran, egal, ob es dir passt oder nicht!

Lucas: Das ist wirklich ein elendes Leben, das wir haben! Die Reichen liegen im warmen Bett und wir müssen für sie arbeiten. Sie faulenzen und essen sich fett und wir haben Hunger. Das ist alles so ungerecht!

Stephanus: Also, ich lege mich jetzt ans Feuer.

Jakob: Nein, mir ist das auch nicht geheuer.

Stephanus: Ich sagte, ich leg mich ans Feuer.

Jakob: Ach so, sag das doch gleich.

Stephanus: Das hab ich doch.

Jakob: Was ist mit dem Loch?

Stephanus: Mann, ich habe das satt! Du hörst wohl schwer?

Jakob: Ja, ja mein Bauch ist auch leer.

Stephanus: Ich glaube, du machst das mit Absicht. So viel kann man doch gar nicht falsch verstehen!

Jakob: Ich kann doch auch nichts dafür, dass meine Ohren immer schlechter hören!

Stephanus: Ha! Wie es scheint, hast du aber diesmal jedes Wort verstanden! Ich denke doch, du willst mich ärgern.

Jakob: Reiß dich zusammen, du Grünschnabel! Älteren Leuten sollte man mit Respekt begegnen!

Stephanus: Älteren Leuten? Du bist doch noch gar nicht alt! Und wenn du mich noch einmal Grünschnabel nennst, dann …

Nathanael: Hey, Schluss jetzt! Wenn ihr streiten wollt, könnt ihr auch gleich Wache halten. Dann gehe ich zum Feuer und lege mich …

Stephanus: Nein, nein! Ich gehe schon!

Jakob: Neben diesem Streithammel kann ich nicht schlafen! Ich helfe dir beim Wachen.

Nathanael: Von mir aus. Deine Augen sind ja zum Glück besser als deine Ohren.

Die Hirten legen sich hin, um zu schlafen. Die Engel summen.

Nathanael: Schau mal, es wird heller. Da ist irgendwo ein großer heller Stern!

Jonathan: Hörst du nicht? Da ist Musik!

Nathanael: Das ist Unsinn. Du verstehst doch eh immer alles falsch.

Jonathan: Nein, diesmal bin ich mir ganz sicher. Das ist Engelsmusik. Jetzt wird sie lauter.

Engel oder Engelchor summen. Die Verkündigungsengel kommen auf die Bühne, alle Hirten springen erschrocken auf.

Gabriel: Fürchtet euch nicht! Wir haben eine gute Nachricht für euch. Eine wichtige Nachricht. Es ist die beste Nachricht, die es gibt!

3. Gott ist uns nahe

5. Szene: Die Engel bei den Hirten

Michael: Gott hat seinen Sohn auf die Erde geschickt. In dieser Nacht ist er geboren. Er liegt in einer Futterkrippe.

Gabriel: Gott liebt diese Welt. Er liebt die Menschen. Er liebt auch euch, ihr Hirten. Geht nach Bethlehem. Dort werdet ihr den Sohn Gottes finden. In einem Stall.

Lied der Engel oder Engelchor.

Lukas: Ach du warmer Strickstrumpf - was war denn das? Habe ich geträumt oder was?

Jonathan: Wir sollten sofort losgehen und das Kind suchen.

Jakob: Aber wir haben doch keinen Kuchen.

Jonathan: Ich sagte, wir sollten das Kind suchen! Kommt ihr mit?

Stephanus: Aber klar doch! Hurtig, hurtig! Und dass mir keiner von euch so herumbummelt!

1. Engel: Gott sei Dank! Sie haben es verstanden!

2. Engel: Ja, sie gehen nach Betlehem. Aber wir haben noch eine andere Aufgabe. Komm, wir müssen uns beeilen!

3. Gott ist uns nahe

6. Szene: Sterndeuter machen sich auf den Weg

Darsteller: **(+/-) 5**

Szene 6	Name(n) der Darsteller
Caspar	
Melchior	
Balthasar	
1. Engel	
2. Engel	

Requisiten

- Verschiedene Schriftrollen oder dicke Bücher

3. Gott ist uns nahe

6. Szene: Sterndeuter machen sich auf den Weg

Die Bücher liegen in verschiedenen Ecken der Bühne, die Ecken sind das Zuhause der Weisen. In Melchiors Ecke liegen besonders viele Bücher. Caspar und Balthasar stehen auf der Bühne im Hintergrund, schauen in den Himmel und diskutieren miteinander. Melchior steht allein im Vordergrund der Bühne. Die beiden Engel gehen mal zu Caspar und Balthasar und mal zu Melchior. Sie versuchen, auf sich aufmerksam zu machen, werden aber nicht bemerkt. Schließlich zucken sie mit den Schultern und bleiben neben Melchior stehen. Melchior blickt in den Himmel, stutzt, reibt sich die Augen, blickt erneut hoch.

Melchior: Wow! Das gibt's doch nicht!

Reibt sich erneut die Augen, blickt erneut hoch.

Nein, ich bin nicht übermüdet. Und nein, es ist kein Traum. Da ist tatsächlich ein Stern, der heller und größer ist als alle anderen Sterne!

Reibt sich erneut die Augen, blickt erneut hoch.

Was ist das? Dieser Stern … falls es ein Stern ist … strahlt ja fast so hell wie die Sonne!

Also so etwas …!

Reibt sich erneut die Augen, blickt erneut hoch.

… so etwas habe ich ja bei all meinen wissenschaftlichen Beobachtungen noch nie gesehen! Das muss eine besondere Bedeutung haben. Wenn ich nur wüsste, welche!

Überlegt, blickt wieder hoch.

… Mir fällt einfach nicht ein, was dieser Stern bedeuten könnte. Ich werde Caspar und Balthasar fragen.

Melchior geht zu Caspar und Balthasar. Die Engel folgen ihm und stellen sich neben oder hinter die drei Wissenschaftler.

Caspar: Na Melchior, hast du den besonderen Stern auch endlich entdeckt?

Melchior: Klar, habe ich ihn entdeckt, der ist ja nicht zu übersehen! Aber leider weiß ich nicht, was sein Erscheinen zu bedeuten hat.

Balthasar: Wir haben es bis jetzt auch noch nicht herausgefunden. Und wir kommen wohl auch nicht weiter, wenn wir ihn nur beobachten und darüber reden. Wir sollten in unseren Büchern nachsehen.

Caspar: Ja, das ist eine gute Idee! Jeder geht jetzt schnell nach Hause und forscht in den Schriften nach. Später treffen wir uns hier wieder. Dann tauschen wir uns über alles aus, was wir herausgefunden haben.

Die Weisen gehen in ihre Ecken der Bühne. Dort suchen sie in ihren Büchern. Melchior hat besonders viele Bücher.

Die Engel treten nach vorn.

1. Engel: Komisch, diese Wissenschaftler. Uns Engel bemerken sie nicht, aber diesen stummen Sternen glauben sie. Dabei sind das doch nur Lämpchen, die Gott an den Himmel gehängt hat!

3. Gott ist uns nahe

6. Szene: Sterndeuter machen sich auf den Weg

2. Engel: Reg dich nicht auf. Das Wichtigste ist doch, dass sie Gott kennenlernen. Wenn sie nur die Sprache der Sterne verstehen, dann muss Gott eben durch die Sterne zu ihnen sprechen.

Caspar und Balthasar treffen sich wieder.

Caspar: Dieser Stern scheint ein Königsstern zu sein. Irgendwo muss ein König geboren sein. Ein ganz besonderer König! Ein mächtiger König!

Balthasar: Ja, das habe ich auch herausgefunden. Aber wo bleibt Melchior?

Caspar: Ach, du weißt doch, dass er alles immer sehr genau nimmt. Er ist sehr ehrgeizig. Ich wette, der liest jetzt seine gesamte Bibliothek durch.

Balthasar: Aber das ist ja fürchterlich! Dann stehen wir ja nächstes Jahr noch hier und warten auf ihn. Komm, wir gehen zu ihm und berichten, was wir erforscht haben.

Caspar und Balthasar gehen zu Melchior, reden auf ihn ein. Schließlich sagt Balthasar:

Balthasar: … und deshalb sollten wir uns auf den Weg machen. Wir sollten diesen neugeborenen König besuchen.

Caspar: Ja, das sollten wir. Schließlich haben uns die Sterne nicht umsonst auf ihn aufmerksam gemacht.

Melchior: Nun, ich hätte zwar gern noch weiter geforscht, aber wenn ihr meint, dann machen wir uns eben auf den Weg.

Caspar: Ja, und wir sollten sofort aufbrechen. Sofort!

Melchior: Aber wir brauchen noch Geschenke. Oder wollt ihr mit leeren Händen bei einem König erscheinen?

Balthasar: Du hast recht. Wir brauchen Geschenke.

Caspar: Also gut. Lasst uns rasch ein Geschenk holen und dann losgehen.

Melchior: Aber wir sollten gut überlegen, welches Geschenk für diesen König passend ist.

Caspar: Überleg bloß nicht zu lange und lass uns nicht wieder so lange warten, sonst krieg ich noch graue Haare von der ganzen Warterei.

Sie gehen auseinander. Kurze Zeit später treffen sich Balthasar und Caspar wieder.

Caspar: Ich bringe dem Königskind das Beste, was ich habe. Gold.

Balthasar: Was nützt ihm alles Gold, wenn er mal krank wird? Ich nehme dem Kind Myrrhe mit. Das ist eine sehr wertvolle Medizin.

Caspar: Ja, das ist gut. Aber wo bleibt Melchior?

Balthasar: Keine Ahnung. Der sucht jetzt sicher in seinem ganzen Haus nach dem mega – besten, eindrucksvollsten, bemerkenswertesten, bahnbrechendsten und prächtigsten Geschenk für einen Königssohn.

Caspar: Aber das ist ja fürchterlich! Wir müssen ihn abholen. Sonst ist das Kind erwachsen, bis wir dort eintreffen.

Lied oder Musikstück

KOHL VERLAG Drei Krippenspiele für Schulen & Kirchengemeinden – Bestell-Nr. 12 456

3. Gott ist uns nahe

7. Szene: An der Krippe

Darsteller: **(+/-) 20, Engelchor,** Christen aus unserer Zeit

Szene 7	Name(n) der Darsteller
Maria	
Josef	
Engel Michael	
Engel Gabriel	
1. Engel	
2. Engel	
1. Wirt	
2. Wirt	
3. Wirt	
Wirtskind	
Nathanael	
Stephanus	
Lukas	
Jonathan	
Jakob	
Simon	
Caspar	
Melchior	
Balthasar	
Elisabeth	
Engelchor	
Christen aus unserer Zeit	

Requisiten

- Krippe
- Geschenke für die Weisen
- Babypuppe für Elisabeth

KOHL VERLAG Drei Krippenspiele für Schulen & Kirchengemeinden – Bestell-Nr. 12 456

3. Gott ist uns nahe

7. Szene: An der Krippe

Auf der Bühne stehen Maria und Josef an der Krippe. Hinter ihnen die Engel (ggf. der Engelchor). Die Hirten kommen.

Stephanus: Oh! Da ist ja das Kind!

Jonathan: Da ist der Sohn Gottes.

Nathanael: Und wie es scheint, sind wir die ersten Gäste.

Maria: Kommt herein, ihr Hirten.

Josef: Ihr habt recht, der Sohn Gottes ist geboren. Und ihr seid seine ersten Gäste.

Lukas: Ach du warmer Strumpf! Also hatten die Engel doch recht. Gott – der allmächtige Gott – hat uns lieb. Uns, die armen, verachteten Hirten!

Maria: Ja, Gott hat euch lieb. Wir freuen uns, dass ihr gekommen seid.

Die Hirten knien nieder. Der 3. Wirt kommt mit dem Kind.

Kind: Nun komm schon! Gottes Sohn ist geboren! Komm und sieh selbst!

3. Wirt: Tatsächlich, da liegt das Kind. In einer Futterkrippe, auf Heu und auf Stroh.

Maria: Das ist genau richtig, lieber Wirt. Gottes Sohn ist in diesem Stall geboren, weil er für alle Menschen gekommen ist. Für die Kinder. Für die Hirten. Und für dich.

3. Wirt: Oh! Für … für mich? Da … da … da fehlen mir ja glatt die Worte.

Kind: Siehst du?

3. Wirt: Ja, ich sehe.
Wendet sich an Maria und deutet auf das Kind:
Dieses Kind war von Anfang an klüger als ich. Nur gut, dass es mich überredet hat, euch wenigstens meinen Stall anzubieten. Verzeiht mir. Ich war blind. Ich war dumm. Ich habe euch nicht geglaubt.

Maria: Aber jetzt hast du den Weg zum Sohn Gottes gefunden. Das ist das Einzige, was zählt.

Caspar, Melchior und Balthasar kommen.

Caspar: Das war eine weite Reise. Endlich sind wir am Ziel!

Maria: Kommt herein, ihr Männer aus einem fremden Land. Schaut, da in der Krippe liegt der Sohn Gottes.

Josef: Wir freuen uns, dass ihr gekommen seid, um den Sohn Gottes zu begrüßen.

Melchior: Gottes Sohn? Das macht Sinn. Ich habe mir gleich gedacht, dass dieser Stern mehr als ein Königsstern ist.

Balthasar: Dann hat Gott also seinen Sohn auf diese Erde geschickt?

Josef: Ja, der allmächtige Gott, der Schöpfer des Himmels und der Erde, hat seinen Sohn zu uns Menschen geschickt.

3. Gott ist uns nahe

7. Szene: An der Krippe

Melchior: Wenn Gott Himmel und Erde gemacht hat, dann hat er also auch unsere Sterne gemacht?

Josef: Ja, so ist es. Und Gott hat die Sterne benutzt, um euch zu Gottes Sohn zu führen. Weil er auch euch liebt.

Capar: Gott hat uns durch den Stern hierhergeführt. Obwohl wir in einem fernen Land leben und bisher nichts von diesem Gott gewusst haben. Gott zeigt uns den Weg zum Leben!

Melchior: Sterne sind nur Sterne. Sie sind keine Götter. Aber Gott ist Gott. Von nun an will ich Gott anbeten. Und seinen Sohn, Jesus.

Kniet nieder und legt sein Geschenk hin. Balthasar und Caspar tun es ihm nach. Die Engel treten nach vorn.

1. Engel: Später erfuhren noch andere Menschen von der Geburt des Sohnes Gottes.

Der Engel wartet, bis Elisabeth mit einer Puppe und die übrigen Wirte kommen.

2. Engel: Alle, die dem Sohn Gottes begegneten, wurde durch ihn verändert. Was damals geschah, gilt noch heute.

Die Engel winken etliche Zuschauer herbei, die mit auf die Bühne kommen. Sie stehen für Christen in unserer Zeit.

Michael: Gott hat euch lieb. Glaubt es. Sagt es weiter. Der Sohn Gottes ist da. Immer und überall!

Gabriel: Jesus kam auf diese Erde, weil er euch lieb hat. Dich. Und dich. Und dich.

Michael: Der Sohn Gottes ist da. Immer und überall.

Gabriel: Jesus kommt in eure Unzufriedenheit. Euren Ärger, euren Streit. Und er vergibt euch eure Schuld. Er ist immer da, auch wenn ihr ihn nicht seht.

Michael: Gott hat euch lieb. Glaubt es. Sagt es weiter. Der Sohn Gottes ist da. Immer und überall.

Engel und Christen aus unserer Zeit gehen zur Seite und reihen sich in die Darsteller ein, sodass ein schönes Krippenbild entsteht.

Schlusslied

KOHL VERLAG Drei Krippenspiele für Schulen & Kirchengemeinden – Bestell-Nr. 12 456

3. Gott ist uns nahe

Nachtrag zu Krippenspiel 3

Einige Ideen und Sätze, die für eine kurze Verkündigung herausgegriffen und ausgebaut werden können.

Ein Kernthema dieses Krippenspiels.

Die Entscheidung, auf Gottes Stimme zu hören oder nicht zu hören; die kleinen Zeichen im Alltag wahrzunehmen oder auch nicht.

Josef möchte Maria und das Kind beschützen, aber er fühlt sich hilflos.

(Szene 3). Maria und Josef müssen sich ganz auf Gott verlassen. – Situationen in unserem Leben, in denen wir uns hilflos und ausgeliefert fühlen. Maria glaubt daran, dass Gott sie nicht allein lässt.

Kernsätze:

Engel: (Szene 1) Wir haben schon oft versucht, mit diesen Menschen Kontakt aufzunehmen. Aber irgendwie verstehen sie uns nicht. Tag für Tag beschützen wir sie. Aber sie sind so mit sich beschäftigt, dass sie uns gar nicht bemerken.

Ja, so sind die Menschen. Sie rechnen überhaupt nicht mehr mit uns. Weil wir unsichtbar sind.

Sie glauben nur noch an das, was sie sehen und anfassen können. Dabei gibt es doch noch so viel mehr zwischen Himmel und Erde!

Maria: (Szene 2) Gottes Wille soll geschehen. Was Gott tut, das ist richtig. Ich bin des Herren Magd.

Engel: (Szene 3) Jesus bedeutet: Der Herr rettet. Gott will die Menschen durch Jesus von ihrer Schuld befreien.

Wir gehen mit ihnen, auch wenn sie uns nicht sehen. Wir sind ihnen nahe, auch wenn sie es nicht spüren.

Engel: (Szene 4) So ist das Leben. Gott hat den Menschen nicht das Paradies auf Erden versprochen. Aber er hat ihnen versprochen, immer und überall bei ihnen zu sein.

Ja, und wenn sie abgewiesen werden und es ihnen nicht gut geht, ist er den Menschen besonders nahe. Auch wenn sie es nicht spüren. Er geht mit ihnen durch die tiefsten Tiefen und die finstersten Täler.

Engel: (Szene 5) Die Hirten sind raue Kerle. Aber in ihren Herzen haben sie Sehnsucht.

Sie merken nicht, dass Gott da ist. Sie spüren nicht, dass wir bei ihnen sind. Tag und Nacht.

KOHL VERLAG Drei Krippenspiele für Schulen & Kirchengemeinden – Bestell-Nr. 12 456

3. Gott ist uns nahe

Nachtrag zu Krippenspiel 3

Engel: Wir haben eine gute Nachricht für euch. Eine wichtige Nachricht. Es ist die beste Nachricht, die es gibt! Gott hat seinen Sohn auf die Erde geschickt. Gott liebt diese Welt. Er liebt die Menschen.

Engel: (Szene 6) Das Wichtigste ist, dass sie Gott kennenlernen. Wenn sie nur die Sprache der Sterne verstehen, dann muss Gott eben durch die Sterne zu ihnen sprechen.

Melchior: (Szene 7) Sterne sind nur Sterne. Sie sind keine Götter. Aber Gott ist Gott.

2. Engel: Alle, die dem Sohn Gottes begegneten, wurden durch ihn verändert.

Was damals geschah, gilt noch heute.

Gabriel: Jesus kommt in eure Unzufriedenheit. Euren Ärger, euren Streit. Und er vergibt euch eure Schuld. Er ist immer da, auch wenn ihr ihn nicht seht.

Michael: Gott hat euch lieb. Glaubt es. Sagt es weiter. Der Sohn Gottes ist da. Immer und überall.

KOHL VERLAG Drei Krippenspiele für Schulen & Kirchengemeinden – Bestell-Nr. 12 456

Klasse
1
2
3
4

Religion & Ethik

Julia von Ammerland & Astrid Zwarg

Mein Weg zur Kommunion

Eine Arbeitsmappe

Viele Jugendliche haben den Bezug zur Religion verloren. Was ist zum Beispiel zu tun, wenn die Kommunion bzw. Firmung bevorsteht und die Entscheidung ansteht, ob das weitere Leben nach katholischen Werten gestaltet werden sollte? Diese Werkstatt ist eine Anleitung, um zu sich selbst zu finden. Bibelbezüge zeigen, dass diese manchmal gar nicht so fern der heutigen Zeit ist, manchmal aber auch sehr überholt. Am Ende sollen die Jugendlichen anhand Ihres Portfolios zu einer überzeugenden Selbsteinschätzung kommen, dabei Selbstvertrauen und Motivation gewinnen.

3
4

56 Seiten

			PDF-Schullizenz
Buch	12 280	16,80 €	54,- €
PDF	P12 280	13,49 €	

Anneli Klipphahn

Tod, Verlust & Trauer

Praktische Handreichungen und Impulse

Abschied, Verlust und Trennung gehören zu unserem Leben. Die Schule als Ort täglicher sozialer Beziehungen kann sich diesem Thema nicht entziehen. Dieser Band geht dieses Thema mit dem notwendigen Feingefühl an und möchte sensibilisieren für den Umgang mit Trauer sowie Verständnis wecken für die Betroffenen. Mit praktischen Handreichungen und Impulsen zum Nachdenken.

3
4

56 Seiten

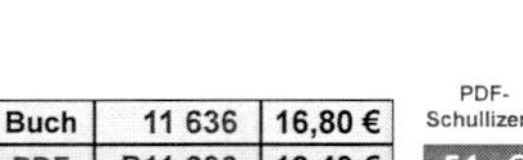

			PDF-Schullizenz
Buch	11 636	16,80 €	54,- €
PDF	P11 636	13,49 €	

Anneli Klipphahn

Stationenlernen
Umgang mit Tod & Trauer

Die Zusammenstellung von Stationen für den sensiblen Bereich Tod und Trauer bietet den Schülern die einzigartige Gelegenheit, einen individuellen und persönlichen Zugang zum Umgang mit diesem Thema zu finden. Die mit dem nötigen Feingefühl gestalteten Stationen bieten Impulse zum Nachdenken an.

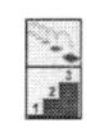

48 Seiten

			PDF-Schullizenz
Buch	11 778	15,80 €	50,- €
PDF	P11 778	12,49 €	

3
4

Catharina Martin

Rätsel & Spiele zum AT & NT

*Durch vielfältige Rätsel und Spiele wird an biblische Themen herangeführt und ein Überblick über wichtige Themen und bekannte Personen der Bibel vermittelt. Die **Rätsel** (Kreuzwort-, Gitter- & Buchstabenrätsel, Blindenschrift usw.) und **Spiele** (Kartenspiele, Dominos, Puzzles und spannende Frage- und Antwortspiele) sind vom Schwierigkeitsgrad her unterschiedlich.*

3
4

Rätsel AT	Buch	10 920	16,80 €	PDF	P10 920	13,49 €
Rätsel NT	Buch	10 922	16,80 €	PDF	P10 922	13,49 €
Spiele AT	Buch	10 921	14,80 €	PDF	P10 921	11,99 €
Spiele NT	Buch	10 923	14,80 €	PDF	P10 923	11,99 €

PDF-Schullizenz (je Band) 48,- / 54,- €

Corinna Müller

Lernspiele Religion

NEU Ab Nov.

Im Religionsunterricht geht es um mehr als um Sach- bzw. Wissensfragen. Es geht um die intensive Auseinandersetzung mit Glaubensinhalten und nicht nur um reir abfragbares Wissen. Die Spielideen sind ohne aufwändige Vorbereitung und hohen Materialeinsatz sofort einsetzbar. Sie variieren im Anforderungsgrad und können entsprechend der Lerngruppe ausgewählt werden. Grundsätzlich dienen die Ideen der Auflockerung, Motivation sowie der Wiederholung und Vertiefung von Sachkenntnissen. Die Spiele tragen dazu bei, Gelerntes in Erinnerung zu rufen, es zu vertiefen und zu sichern. Bestens geeignet zur Freiarbeit, Vertretungsstunden oder für die letzten Stunden vor den Ferien.

40 Seiten

			PDF-Schullizenz
Buch	12 469	15,80 €	50,- €
PDF	P12 469	12,49 €	

2
3
4

Anneli Klipphahn

Krippenspiele

NEU Ab Okt.

Ein traditionelles Krippenspiel gehört für viele zum Weihnachtsfest. Deshalb ist die alljährliche Planung und Organisation von Schul- oder Familiengottesdiensten, für Lehrer, Erzieher, kirchliche Mitarbeiter und Ehrenamtliche immer wieder eine große Herausforderung. Hier erhalten Sie drei Krippenspiele, die sich an den Texten der Bibel orientieren. Sie wurden für eine Grundschule konzipiert, in der sich alle Schüler in irgendeiner Weise am Schulgottesdienst beteiligen. Dadurch sind die Texte ziemlich umfangreich, bieten aber auch viel Stoff und viele Variationsmöglichkeiten. Darüber hinaus finden sich Kostüm- und Gestaltungsvorschläge, die zumeist einfach umzusetzen sind.

76 Seiten

			PDF-Schullizenz
Buch	12 456	19,80 €	64,- €
PDF	P12 456	15,99 €	

1
2
3
4

Ethik

Diana Newel

Einfach Ethik

*Die einzelnen Bände der Reihe **„Einfach Ethik"** bieten interessante Arbeitsblätter mit altersgerechten Aufgaben zu je einem Fachbereich.*

Band 1: *Zusammenleben – Soziales Miteinander, Lebenssituationen & kulturelle Vielfalt*

Band 2: *Gewissensfragen – Entscheidungen, Schuld & friedliche Konfliktlösungen*

Band 3: *Weltreligionen – Lebens- und Ausdrucksweisen kennen & respektieren*

je 28 Seiten

Zusammenleben	Buch	12 193	13,80 €	PDF	P12 193	10,99 €
Gewissensfragen	Buch	12 194	13,80 €	PDF	P12 194	10,99 €
Weltreligionen	Buch	12 195	12,80 €	PDF	P12 195	10,49 €

PDF-Schullizenz (je Band) 42,- / 44,- €

2
3
4

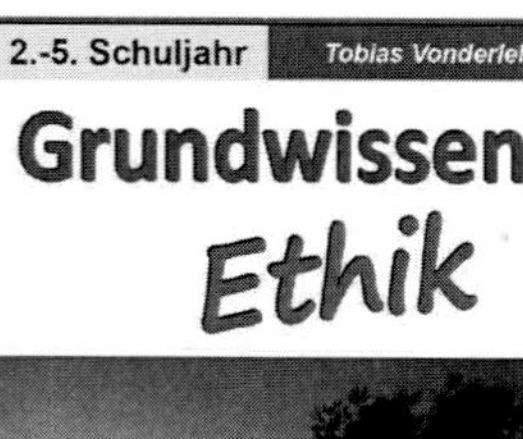

Tobias Vonderlehr

Grundwissen Ethik

Wertvorstellungen und Überzeugungen

Dieser wertvolle Begleiter ist auch für den fächerübergreifenden Unterricht geeignet. Themen wie z.B. das Bewusstsein für die eigene Person, für die Vielfältigkeit der Menschen und der sie umgebenden Natur, aber auch das Verhältnis Person und soziales Umfeld sowie die Beziehung des Menschen zur Natur und Umwelt führen die Schüler zu Wertvorstellungen und Überzeugungen nach ethischen Prinzipien.

Inhalt: *Wer bin ich?; Ich und Du; Ich und die anderen; Ich und die Welt; Erde und Weltall; Vielfältigkeit des Lebens; Dein Leben, Dein Weg, Vorbilder*

48 S.

			PDF-Schullizenz
Buch	11 882	14,80 €	48,- €
PDF	P11 882	11,99 €	

2
3
4

Birgit Brandenburg

Stationenlernen Ethik

Ethik begegnet uns unbewusst täglich. Ihre Aufgabe ist es, das kritische Denken ins Bewusstsein zu rücken. Der Ethikunterricht in der Schule soll die Fragen zum Leben und seinem Sinn für die Kinder transparenter machen und den Bezug zu ihrem Leben und Alltag herstellen. Selbstwahrnehmung, Beziehungen zu Mitmenschen, Zusammenleben und Gefühlswelt werden erfahren.

48 Seiten

			PDF-Schullizenz
Buch	12 147	14,80 €	48,- €
PDF	P12 147	11,99 €	

1
2
3
4

Birgit Brandenburg

Fachfremd Ethik unterrichten

Leichte Einstiege sofort umsetzbar

Wir geben Ihnen mit diesem Band eine effektive Unterstützung mit auf den Weg. Praktische und direkt einsetzbare Ideen sind auf die Ziele des Bildungsauftrags genau zugeschnitten. Es werden jeweils wichtige Hilfestellungen und Tipps gegeben.

72 Seiten

			PDF-Schullizenz
Buch	11 754	17,80 €	58,- €
PDF	P11 754	14,49 €	

1
2
3
4

Tim Schrödel

Logikrätsel Ethik

Logisches Denken ist eine der Grundvoraussetzungen, um sich in dieser Welt zurechtzufinden. Auf ansprechende Art und Weise erarbeiten, wiederholen und festigen die Schüler abwechslungsreiche Themengebiete des Ethikunterrichts.

32 Seiten

			PDF-Schullizenz
Buch	11 531	13,80 €	44,- €
PDF	P11 531	10,99 €	

BF

3
4

Gary M. Forester

Glück ... hat viele Gesichter

Was ist Glück? Wann spricht man von Glück? Kann man dem Glück zufällig begegnen? Hängt es von materiellen Dingen oder von unseren Mitmenschen ab? Kann es biochemisch erklärt werden? Wir machen uns auf die Spur des Glücks.

40 Seiten
FARBIG

			PDF-Schullizenz
Buch	15 031	21,80 €	70,- €
PDF	P15 031	17,49 €	

2
3
4

Fächerübergreifend!